일본의
정당정치는
왜
무너졌을까

지은이

미쿠리야 다카시 御厨貴, MIKURIYA Takashi

1951년 도쿄에서 태어났다. 도쿄대학 법학부를 졸업하고 도쿄도립대학 교수, 하버드대학 옌칭 연구소 객원 연구원, 정책연구대학원대학 교수, 도쿄대학 선단과학기술연구센터 교수, 방송대학 교수 등을 거쳐 현재 도쿄대학 명예교수이다. 주 전공은 근현대 일본 정치사·구술사이다. 『구술사로 무엇을 할 수 있을까』, 『천황의 근대』, 『정당정치는 왜 자멸했을까』, 『정치가 위험하다』, 『메이지 국가의 완성 1890~1905』, 『정치에 대한 시선』 등 다수의 저서가 있다.

옮긴이

윤현명 尹賢明, Yun Hyen-myeng

인하대학교 사학과를 졸업했으며, 히토쓰바시대학 사회학 연구과 박사과정을 졸업했다. 전공은 일본 근현대사의 정치사로, 현재 원광대학교 동북아시아인문사회연구소 연구교수로 재직 중이다. 역서로 『일본, 군비확장의 역사』(2014), 『폭격의 역사』(2015), 『그럼에도 일본은 전쟁을 선택했다』(2018), 『일본은 왜 점점 더 큰 전쟁으로 나아갔을까』(2022) 등이 있다.

일본의 정당정치는 왜 무너졌을까

초판인쇄 2023년 4월 22일 초판발행 2023년 4월 30일

지은이 미쿠리야 다카시 옮긴이 윤현명

펴낸이 박성모 펴낸곳 소명출판 출판등록 제1998-000017호

주소 서울시 서초구 사임당로14길 15 서광빌딩 2층 전화 02-585-7840 팩스 02-585-7848

전자우편 somyungbooks@daum.net 홈페이지 www.somyong.co.kr

값 13,000원 ⓒ 소명출판, 2023

ISBN 979-11-5905-753-3 03910

이 저서는 2017년 대한민국 교육부와 한국연구재단의 지원을 받아 수행된 연구임 (NRF-2017S1A6A3A02079082)

Constructed by YASUDA Kiyoto (Sanzarusha)

미쿠리야 다카시 지음
윤현명 옮김

일본의

정당
정치는

Why Did Japan's Party Politics Collapse?

왜

무너졌

을까

일러두기

1. 원서에는 주석이 없지만, 역자가 이해를 돕기 위해 덧붙였다.
2. 일본 관련 인명, 지명, 기타 용어는 되도록 일본어식으로 표기했다.
3. 그러나 필요한 경우에는 한자식으로 표기했다. 예) 기병대(奇兵隊)
4. 그 외에 필요하다고 생각되는 경우, 일본어식 표기와 한자식 표기를 적절하게 섞어 사용했다.
   예) 보신전쟁(戊辰戰爭)
5. 원서의 연표 그리고 몇몇 도표는 실효성이 없다고 판단해서 생략했다.

머리말

　우리에게 정치란 무엇일까요? 정치는 우리 가까이에 있고, 우리는 한 표를 행사함으로써 정치를 해 나갑니다. 최근까지 일본에서는 2대 정당이 교대로 집권해왔는데, 이 또한 일본 국민의 선택이었다고 볼 수 있겠지요. 그 결과 민주당이 정권을 잡다가, 아베 내각이 이끄는 자민당으로 정권이 교체되기도 했습니다. 하지만 정치란 것은, 좀처럼 우리의 뜻대로 되어주지 않는 법입니다. 그런 의미에서 일본 근대사를 살펴보기로 했습니다. 일본 근대사에는 정당정치, 2대 정당제와 관련한 소재가 넘쳐납니다. 온고지신의 마음으로 배울 수 있겠지요.

　그래서 근대사를 거슬러 올라가는 방식으로 이야기를 풀어 보기로 하고, 고바야시 아키오小林亮夫 감독과 함께 4회 방송분을 찍었습니다. 방송을 찍는 사이에 통치 정당, 지지기반 배양, 당리당략, 상호 비판 등 정당의 역사적 특성이 뚜렷이 보였습니다. 그래서 쓸데없는 이야기를 생략하고, 원점에서 일본의 정당정치가 왜 무너졌는지를 추적해보고자 합니다. 시간 여행을 하는 기분으로 말입니다. 저는 생각합니다. 우리는 정당정치가 성립하는 '환경'을 무너뜨리면 안 된다고 말입니다. 이 책의 결론도 그 말에 수렴합니다. 이것을 경험하기 위해 한번 읽어보셨으면 합니다.

미쿠리야 다카시

차례

제1장

스스로 무너지는
거대 양당

1928년

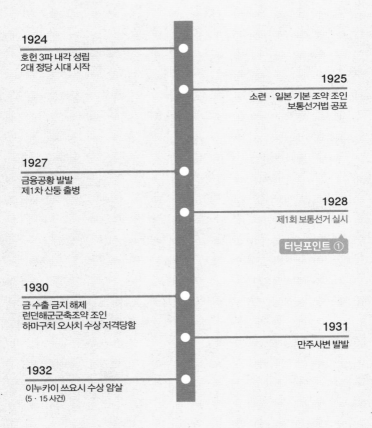

1924
호헌 3파 내각 성립
2대 정당 시대 시작

1925
소련 · 일본 기본 조약 조인
보통선거법 공포

1927
금융공황 발발
제1차 산둥 출병

1928
제1회 보통선거 실시

터닝포인트 ①

1930
금 수출 금지 해제
런던해군군축조약 조인
하마구치 오사치 수상 저격당함

1931
만주사변 발발

1932
이누카이 쓰요시 수상 암살
(5 · 15 사건)

1. 또 한 번의 2대 정당 시대

제2차 세계대전 이후 일본에서는 오랫동안 자민당이 집권했습니다. 그러다가 2009년에 민주당이 집권함으로써 정권 교체가 이루어졌습니다. 그 후 일본 정치는 수년간 민주당과 자민당이 경쟁하는 2대 정당의 시대를 맞이했습니다.[1] 물론, 민주당이 집권했다고 해도, 중의원과 참의원[2] 둘 다 안정된 다수 의석을 가졌던 것은 아니었습니다. 실제로는 소수정당과 연립 정권을 구성했지요. 그래도 정권을 구성하는 실력, 즉 다수의 의석을 얻었다는 면에서, 2대 정당 중 하나였다는 것에는 변함이 없습니다.

일본에서는 1955년 이후 오랫동안 55년 체제가 유지되었습니다. 즉, 자민당이 유일한 집권당으로 군림하고, 사회당을 포함한 야당들이 여기에 대항하는 형태였습니다. 55년 체제하에서는 정권 교체의 가능성이 사실상 닫혀있었다고 해도 과언이 아닙니다. 그리고 2009년 이후 2대 정당 시대가 되어서야 정권이 민주당과 자민당 사이를 왔다 갔다 하게 되

---

[1] 이후 민주당의 부진과 분열이 시작되어 현재는 자민당이 압도적인 제1당의 지위를 유지하고 있다.

[2] 양원제 국가의 상원과 하원 중 상원에 해당함. 한국은 중앙의 국회가 하나밖에 없는 단원제.

었습니다. 하지만 현실은 냉혹했습니다. 민주당의 집권은 대략 3년 정도에 불과했습니다. 그리고 분열을 거쳐 야당으로 전락했습니다. 그 결과 자민당은 다시 압도적인 정당이 되었습니다. 2대 정당 시대는 꿈결처럼 짧았던 것 같습니다.

사실 일본에서 2대 정당이 출현했던 것은 2009년이 처음이 아니었습니다. 제2차 세계대전 이전, 구체적으로는 다이쇼大正[3] 말기부터 쇼와昭和[4] 초기야말로 최초의 2대 정당 시대였습니다. 정당 내각은 '평민 재상'이라고 불린 하라 다카시原敬, 1856~1921[5]에 의해 본격적으로 이루어졌습니다. 하라는 입헌정우회이하, 정우회[6]를 이끌고 정권을 잡았지만, 1921년에 암살당했습니다. 이후 정우회의 총재가 된 재정 전문가 다카하시 고레키요高橋是清, 1854~1936가 정권을 이어받았지만, 얼마 안 가 정우회는 분열되고 말았습니다. 이후 가토 도모사부로加藤友三郎, 1861~1923, 야마모토 곤베山本権兵衛, 1852~1933와 같

---

3   다이쇼는 다이쇼 천황, 즉 요시히토(嘉仁) 천황의 연호이며 그 시기는 1912년부터 1926년까지이다.

4   쇼와는 쇼와 천황, 즉 히로히토(裕仁) 천황의 연호이며 그 시기는 1926년부터 1989년까지이다.

5   다이쇼 시대를 대표하는 정치가이다. 정우회의 지도자·수상으로서 정당정치의 실현에 힘썼고, 귀족원, 육군, 해군, 추밀원, 관료 세력 등 여러 세력의 이해관계를 조정하는 등 뛰어난 정치적 리더십을 보여주었다.

6   근대 일본을 대표하는 거대 정당.

은 해군 출신 인사의 내각이 생겨났고 그 다음에는 기요우라 게이고淸浦奎吾, 1850~1942가 귀족원貴族院[7]을 기반으로 내각을 조직했습니다. 일단 정당정치와는 멀어진 셈입니다.[8]

그 후 정우회는 헌정회, 혁신구락부와 손잡고 호헌護憲[9] 3파를 결성합니다. 그들은 정당정치야말로 헌정憲政이 지향하는 바라고 강조했고, 그것으로 민중의 지지를 얻었습니다.[10] 이

〈사진 1〉 다카하시 고레키요
하라 다카시의 뒤를 이어 정우회의 총재와 수상에 취임했지만, 오래 가지 않아 물러났다. 수상보다는 재무 전문가로서 대장대신에 여러 번 취임한 것으로 유명하다. 1930년대에는 대장대신으로서 군사비의 폭증을 억제하기 위해 노력하기도 했다. 1936년에 과격파 군인들에 의해 살해당했다. 사진 : 위키피디아

---

7   제2차 세계대전 이전의 일본에서는 중의원과 귀족원이 각각 하원과 상원을 구성했다. 중의원은 대중적인 선거에 의해 뽑힌 의원, 귀족원은 작위를 가진 귀족, 사회적 엘리트 중에서 선출된 의원으로 구성되었다. 귀족원은 제2차 세계대전 이후 폐지되었고 대신 참의원이 생겨났다.

8   현대의 민주주의 국가에서는 선거에서 승리한 정당이 집권하는 것을 당연하게 생각한다. 그러나 제2차 세계대전 이전에는 그것이 오늘날만큼 당연하게 여겨지지 않았다. 일본도 마찬가지였다.

9   헌법 수호를 의미함.

〈사진 2〉 가토 다카아키
하라 다카시와 더불어 다이쇼 데모크라시 시기를 대표하는 정치가다. 근대 일본의 대의민주주의에 공헌했던 반면, 1915년에 일본이 중국에 21개조 요구를 하는 데 주도적인 역할을 하기도 했다.
사진 : 위키피디아

것이 제2차 호헌 운동이라고 불린 헌정 옹호 운동입니다. 그리고 헌정 옹호 세력은 1924년의 총선거에서 압승합니다. 그 결과 헌정회 총재 가토 다카아키 加藤高明, 1860~1926를 수반으로 하는 호헌 3파 내각이 출범했습니다. 이렇게 해서 하라 다카시가 막을 열었던 정당정치가 하나의 정치 형태로서 모습을 갖추게 되었습니다. 이때부터 5·15사건[11]으로 정당 내각이 종언을 고하는 1932년까지의 8년간, 일본의 정당정치는 최전성기를 맞이합니다.

---

10   당시 일본의 헌법은 1889년에 공포된 메이지 헌법이었다. 따라서 그들의 주장은 의회와 정당 중심의 대의민주주의 정치가 이토 히로부미의 주도로 만들어진 메이지 헌법의 본래 취지에 부합한다는 것이었다.

11   해군 장교가 중심이 된 쿠데타 사건으로 1932년 5월 15일에 발발했다. 현직 수상인 이누카이 쓰요시가 살해된 것으로 유명한 사건이다.

제1장에서는 왜 2대 정당 시대가 열리고, 나중에 한계에 부딪혀 무너져 내렸는지, 그 이유를 추적해볼 것입니다. 이것은 오늘날의 정치를 생각할 때 커다란 참고가 됩니다. 싸우고 대립하는 현대의 정당정치를 생각할 때, 역사를 통해 중요한 교훈을 얻을 수 있지 않을까요?

2. 보통선거와 호헌 3파

　현재 일본에 있는 국회의사당은 1920년 1월에 착공했던 건물입니다. 그때는 일본이 정당정치의 전성기에 해당하는 시기입니다. 그런데 완공 시기는 약 17년이 지난 1936년 11월이었습니다. 아이러니한 것은 그때는 이미 정당정치가 심각하게 망가져 있었다는 사실입니다.

　정당정치라는 것은, 극단적으로 말하면 선거로 나타난 민의, 즉 유권자·국민의 의사를 정치에 반영하는 시스템입니다. 제1차 세계대전 이후 민주주의를 요구하는 목소리가 세계적으로 높아졌습니다. 근대화와 함께 국가가 갖는 의미는 크게 변했습니다. 생산성의 비약적인 향상, 교통·통신·정보망의 정비로 인해 국가의 힘은 강대해졌는데, 일부 특권 계급이 지배자로 군림하는 기존의 통치 시스템에 한계가 나타난 것입니다. 국가 간의 전쟁도 이전과는 비교도 안 될 만큼 대규모로 변했고, 희생자도 엄청나게 늘었습니다. 그 결과, 자신이 국가의 국민이라는 의식을 가진 압도적 다수의 '국민'이 생겨났고, 국가 운용을 위해서는 이들을 통치 시스템에 참여시켜야 했습니다.

일본의 경우, 1890년에 제1회 중의원 총선거가 실시되었습니다. 이를 통해 유권자가 국회의원을 뽑고, 뽑힌 국회의원이 입법부 중 하나인 중의원을 구성하는 체제가 만들어졌습니다. 그러나 투표할 자격이 있는 유권자는 직접 국세 15엔 이상을 납부하는 25세 이상의 남자로 한정되었습니다. 인구로 치면, 약 45만 명으로 전 국민의 1% 남짓이었습니다.

1919년 이후에는 민주주의를 요구하는 세계적인 조류 속에서, 소득 제한을 철폐하고 보통선거[12]를 실시해야 한다는 대중 운동이 활발해졌습니다. 그리고 앞에서 언급한 대로, 하라 다카시, 다카하시 고레키요가 이끄는 정우회의 정당 내각

---

12   당시 일본의 선거는 제한선거였는데, 유권자와 후보자가 되기 위해서는 일정 수준 이상의 재산 혹은 소득이 있어야 했다. 그러므로 당시의 보통선거는 일정 나이 이상의 남성이 소득·사회 계층에 상관없이 모두 선거권 및 피선거권을 갖는 것을 의미했다.

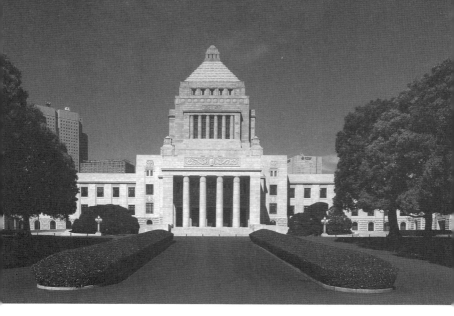

〈사진 3〉일본 국회의사당
1920년에 공사를 시작해서 1936년에 완성했다. 다이쇼 데모크라시 시기에 착공해서 군국주의 시기에 완공된 셈이다. 완공 당시 멋진 국산 국회의사당이라고 칭송받기도 했다. 건물 자체는 훌륭했지만 아이러니하게도 이 건물이 완공되었을 즈음, 일본의 대의민주주의는 크게 훼손되고 있었다. 1936년 완공 이후 오늘날까지 사용되고 있다. 사진 : 위키피디아

이 집권한 다음, 가토 도모사부로, 야마모토 곤베, 기요우라 게이고의 비非정당 내각이 계속되었습니다. 정당 내각은 멀어지고, 보통선거를 요구하는 목소리도 묵살되었습니다. 그에 대한 불만은 국민적으로 퍼져나갔습니다. 당시 최대 의석수를 자랑하는 정우회는 기요우라 내각을 지지하는 그룹나중에 정우본당을 결성함과 기요우라 내각을 특권 계급으로 간주해 반대하는 그룹으로 분열되었습니다. 그리고 1924년 5월 10일

에 실시된 제15회 총선거가 실시되었습니다. 이 선거는 여당인 정우본당에 대항해, 다카하시 고레키요 총재의 정우회와 가토 다카아키 총재의 헌정회,[13] 이누카이 쓰요시가 이끄는 혁신구락부가 호헌 3파를 결성하는 구도로 치러졌습니다.

정우회의 다카하시 총재는 귀족 작위를 반납하고 고인이 된 하라 다카시 전 수상의 지역구에 출마했습니다. 일종의 정치적 퍼포먼스라고 할 수 있습니다. 이를 통해 다카하시 총재는 보통선거 실시·귀족원 개혁에 앞장서는 '헌정 옹호파' 이미지로 선거전을 실시했습니다. 결과는 정우본당이 109석을 얻은 데 비해, 호헌 3파가 286석을 얻은 압승이었습니다. 압승을 거두기는 했지만 그 과정에서 정우회의 계산은 빗나갔습니다. 경쟁자인 헌정회가 151석을 얻어 제1당이 되었기 때문입니다. 그래서 3개 정당 중 헌정회의 가토 다카아키가 수상이 되어 내각을 출범시킵니다. 이것이 호헌 3파 내각입니다.

---

13 근대 일본을 대표하는 거대 정당으로, 나중에 민정당이 되었다. 대체로 정우회와 대립각을 형성하며 발전했다.

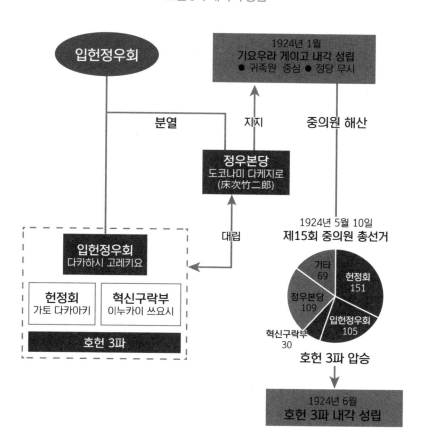

호헌 3파 내각의 성립

입헌정우회

1924년 1월
기요우라 게이고 내각 성립
● 귀족원 중심 ● 정당 무시

분열

지지

중의원 해산

정우본당
도코나미 다케지로
(床次竹二郎)

1924년 5월 10일
제15회 중의원 총선거

대립

입헌정우회
다카하시 고레키요

헌정회
가토 다카아키

혁신구락부
이누카이 쓰요시

호헌 3파

기타
69

헌정회
151

정우본당
109

입헌정우회
105

혁신구락부
30

호헌 3파 압승

1924년 6월
호헌 3파 내각 성립

제1당이 된 헌정회의 가토 다카아키가 수상에 취임했음

3. 헌정의 상도

오늘날 우리는 제1당의 대표가 수상에 취임하는 것이 당연하다고 생각하지만, 당시에는 그렇게 생각하지 않았습니다. 당시에는 내각의 수상, 즉 정권의 수장을 천황이 임명하도록 되어 있었습니다. 그런데 천황도 미리 추천된 후보자를 임명했기에 실질적으로 수상에 대한 결정권을 쥐고 있었던 이는 원로元老 사이온지 긴모치西園寺公望, 1849~1940[14]였습니다. 사이온지가 지명한 인물이 총리대신수상이 되는 구조였던 셈입니다.

원로란 무엇일까요? 원로는 메이지유신을 성공시킨 공로자로서, 사쓰마薩摩 · 조슈長州 출신이 주를 이루고 있었습니다.[15] 그래서 사쓰마에서는 구로다 기요타카黑田清隆, 1840~1900, 사이고 쓰구미치西鄕從道, 1843~1902,[16] 마쓰카타 마사요시松方正義,

---

14   메이지유신에 가담했고, 나중에는 이토 히로부미와 함께 정우회를 창당했다. 이토 히로부미 사후 정우회의 지도자이자 유력한 정치가가 되었다. 말년에는 원로로서 정치적 영향력을 행사했다. 대외적으로는 미국, 영국과의 협력을 중시했고, 대내적으로는 정당과 의회 기반의 입헌 정치를 존중한 온건파였다.

15   사쓰마는 현재의 가고시마현, 조슈는 야마구치현이다. 사쓰마와 조슈 인사들은 도쿠가와 막부 타도와 메이지 정부 수립, 일본의 근대화 과정에서 핵심적인 역할을 담당했다.

▲ 〈사진 4〉 사이온지 긴모치

이토 히로부미의 후배로서 메이지유신을 경험했고, 이후 수상 등 중요한 공직을 맡았다. 말년에는 원로로서 수상을 추천하며 정치에 영향력을 행사했다. 1940년에 사망했다는 것을 감안하면, 근대 일본을 관통하는 인물이라 할 수 있다.

사진 : 위키피디아

◀ 〈사진 5〉 이토 히로부미

고종을 위협하며 한반도의 식민지화를 주도한 인물인 동시에, 메이지 국가 체제를 설계한 정치인기도 하다. 근대 일본을 대표하는 정치가이다.

사진 : 위키피디아

1835~1924, 조슈에서는 이토 히로부미伊藤博文, 1841~1909,[17] 야마가타 아리토모山県有朋, 1838~1922,[18] 이노우에 가오루井上馨, 1835~1915와 같은 인물이 원로가 되었습니다. 이들은 수상을 비롯한 정치 요직을 맡았고, 정계 은퇴 이후에도 정권의 막후에서 영향력을 행사했습니다. 한편, 사이온지는 원로 중 유일한 공가公家[19] 출신이었습니다. 그런데 메이지유신 이후 세월이 흐르자 원로들이 차례로 사망했습니다. 원로는 애초에 메이지유신의 공로자로서 받은 칭호였기에 후임자를 뽑을 수도 없었습니다. 그래서 시간이 지남에 따라 한 명, 두 명 줄어들더니 1920년대가 되자 사이온지 긴모치만 남게 되었습니다. 더욱이 그때는 사이온지도 70세를 넘긴 상태였습니다. 그러므로 조금 있으면 원로가 모두 사라지는 상황이었습

---

16 메이지유신의 공로자이면서 나중에 메이지 정부에 대해 반란을 일으켰던 사이고 다카모리(西郷隆盛, 1828~1877)의 동생이다. 형이 역적이 되었음에도, 여전히 메이지 정부의 권력자로 남았다.

17 메이지유신의 공로자로서 근대 일본을 대표하는 정치가이다. 헌법 제정을 주도하는 등 근대 국가 만들기에도 커다란 역할을 했다. 또 대한제국의 황제 고종을 협박하는 등 한반도 병탄의 실무를 맡기도 했다.

18 메이지유신 주도 인물 중 하나이며, 군인·정치가로 활동했다. 일본 육군의 건설에 주도적인 역할을 했으며, 19세기 말부터 1920년대 초까지 국정 전반에 걸쳐 강한 영향력을 행사했다. 정치적으로 이토 히로부미의 라이벌이기도 했다.

19 천황·조정과 관련된 가문.

니다. 마지막 원로라는 중책을 짊어진 사이온지는 자신의 사후, '앞으로는 어떤 방식으로 총리대신수상을 뽑도록 해야 할까?'라는 것을 고민했던 것 같습니다. 또 총리대신을 원로에 버금가는 존재로서 새롭게 권위를 만드는 방법도 생각했던 것 같습니다(실현되지는 못했지만).

당시에는 정당 내각이 성립했다고 해도, 좀처럼 안정되지 못한 시대였습니다. 그래서 사이온지는 정변이 일어날 때마다 심사숙고해서 차기 수상을 지명했습니다. 안으로는 정치적 안정, 밖으로는 친 영국·미국을 기준으로 말이지요. 그 결과 사이온지는 호헌 3파가 총선에서 승리하자, 중의원 제1당의 대표를 수상으로 추천했고, 이후에도 그런 식으로 수상을 지명했습니다. 사이온지가 실행했던 일종의 규칙인데, 이를 두고 당시 자유주의자로 유명했던 바바 쓰네고馬場恒吾는 총선에서 승리를 거둔 당의 대표를 수상으로 지명하는 것을 아예 법으로 정하자고 주장했습니다. 그래야 총선을 통해 국민의 의견이 반영된다는 것이었지요. 하지만 결국 이것은 법으로 만들어지지 못했습니다. 호헌 3파 내각의 승리와 같은 민심의 승리가 다시금 되풀이되지 못했기 때문입니다.

그 후 사이온지는 수상이 지병, 테러 등으로 쓰러질 때, 같은 당의 후계자를 수상으로 추천했습니다. 그렇다면 만약 집권 여당의 내각이 수습 불가능한 위기 상태인 경우에는 어떻게 될까요? 그런 경우에는 원래 집권 여당이 신속하게 제1야당에게 정권을 내줍니다. 이러한 일련의 정권 교체 방식을 '헌정憲政의 상도常道'[20]라고 합니다. 그런데 현실적으로 집권 여당이 자신의 한계를 인정하고 자발적으로 퇴진하는 일은 없었습니다. 그래서 보통 레임덕 상태에서 거센 비판을 받으며 퇴진했습니다.

그래도 정당의 대표가 수상이 되는 관례는 당분간 지속되었습니다. 그렇다고 사이온지가 그것이 꼭 최선의 시스템이라고 생각했던 것은 아닙니다. 또 정당을 무조건 신뢰했던 것도 아닙니다. 비록 제1당의 대표를 수상으로 추천하긴 했지만, 정당의 대표가 아닌 다른 사람을 추천할 가능성도 염두에 두고 있었던 것이지요. 즉, '정당 내각'이 아닌 '중간 내각'의 가능성을 완전히 버린 것은 아니었습니다.

그럼에도 이미 시대는 사이온지가 한창 활약했던 시대와 많이 달라져 있었습니다. 과거에는 메이지유신을 주도했던 인사들이 돌아가면서 수상과 장관에 취임했지만, 1920년대에는 이미 세계적으로 민주주의가 확산되고 있었습니다. 제

---

20   입헌 정치 혹은 민주 정치의 도리라는 의미.

1차 세계대전 이후 세계의 열강은 국제협력을 추진했습니다. 그래서 경제를 중시하고, 군축을 단행하는 것이 대세가 되었습니다. 민주주의의 확산 속에서 일본에서도 군부와 관료 세력이 다소 후퇴했습니다. 그리고 민의를 위탁받은 정당이 정치의 주역이 되어야 한다는 분위기가 형성되었습니다. 그래서 사이온지는 되도록 총선에서 승리한 정당이 정권을 잡을 수 있도록 했던 것입니다. 정당 자체의 성장도 사이온지의 그런 선택을 뒷받침해주었던 것 같습니다. 1920년 기준으로 당시 중의원의 세력 분포를 보면, 정우회가 278석인 데 반해, 헌정회는 110석이었습니다. 정우회가 압도적인 우위에 있었기 때문에 국정 수행 능력은 당연히 정우회에 있다고 생각하기 마련입니다. 하지만 앞에서 언급했던 것처럼, 1924년의 총선에서는 헌정회가 제1당이 됩니다. 사이온지는 원래 헌정회의 총재인 가토 다카아키를 불신하는 마음을 갖고 있었습니다. 그는 제1차 세계대전 당시 외상外務大臣이었던 가토 다카아키가 21개 조의 요구 조건을 들이밀면서 중국을 압박했던 것을 기억하고 있었습니다.[21] 하지만 결과적으로 헌정회는 국민의 지지를 받았고, 정권을 인계받아 국정 운영

---

21 당시 가토 다카아키는 중국인의 반감과 다른 열강의 견제에 대해 우려하는 사이온지, 원로 등의 의견을 묵살하고, 중국에 대해 강경책을 밀어붙였다.

능력을 보여주었습니다. 그 때문에 사이온지는 두 개의 정당이 교대로 정권을 담당하는 2대 정당 시대가 현실적이라고 생각했던 것 같습니다.

그런데 말입니다. 호헌 3파 내각의 수명은 길지 않았습니다. 정권을 둘러싼 정당들의 싸움이 시작되었기 때문입니다. 1925년 4월에 다카하시 고레키요가 정우회 총재를 사임하고, 다나카 기이치田中義一, 1864~1929가 새로운 총재에 취임합니다. 다나카는 육군 출신으로 야마가타 아리토모의 직계 군인으로 간주되곤 했습니다만, 그래도 하라 다카시原敬, 1856~1921[22] 내각에서 육상육군대신[23]을 맡는 등 친 정우회 성향의 인물이었습니다. 새로운 총재가 된 다나카는 이누카이 쓰요시의 혁신구락부를 흡수하고, 같은 해 7월에는 호헌 3파로서의 제휴를 중단했습니다. 그러자 헌정회는 가토 다카아키를 수반으로 하는 단독 내각으로 변신했습니다. 어쨌든 국민의 지지를 받아 탄생한 정권이니만큼 사이온지도 정권을

---

[22] 정우회 총재, 내무대신, 수상 등을 역임하며 정당정치의 확립, 정당 내각의 성립에 힘썼다. 수상 재임 당시, 뛰어난 정치력으로 군부를 제어하는 등 정치적 리더십을 보여주었다. 다이쇼 데모크라시를 대표하는 정치인이다.

[23] 현대에는 국방을 담당하는 국방부 장관이 존재한다. 그러나 제2차 세계대전 이전에는 육군부와 해군부가 각각 존재하는 경우가 많았다. 육군대신은 육군부 장관에 해당한다.

변함없이 지지했습니다. 그 결과 시데하라 기주로幣原喜重郎, 1872~1951 외상을 중심으로 한 협조외교시데하라 외교[24]가 여론의 지지를 받았고, 소련·일본 기본조약이 체결되어 소련과 외교 관계를 수립하는 등 정치·외교적 성과가 나타났습니다. 가토 다카아키를 불신하던 사이온지도, 가토 내각이 정권을 안정적으로 운영하는 것을 보고 안도했습니다. 그래서 가토를 신뢰하며 높게 평가했습니다. 하라 다카시보다 더 높게 평가했다고 할 정도로 말이지요. 만약 1924년의 총선에서 도코나미 다케지로가 이끄는 정우본당이 제1당이 되었다면, 2대 정당의 시대가 열리기는 어려웠을 것입니다. 그런 의미에서 2대 정당 시대의 길을 연 것은 사이온지 긴모치였습니다만, 그 내실을 채웠던 것은 가토 다카아키와 헌정회의 공적이라고 할 수 있을 것 같습니다.

---

24   미국, 영국 등 서구와의 협력 관계를 중시한 외교 정책.

4. 제1회 보통선거가 초래한 것

가토 다카아키는 1926년 1월에 폐렴이 악화되어 갑작스러운 죽음을 맞이합니다. 그의 뒤를 이어 수상에 취임한 인물이 가토 다카아키 내각의 중요 각료였던 와카쓰키 레이지로若槻礼次郎, 1866~1949입니다. 그러나 와카쓰키 내각은 출범 후 1년 정도 후에 퇴진합니다. 그 경위는 대략 이렇습니다. 1927년 3월 14일, 와카쓰키 내각의 가타오카 나오하루片岡直溫 장상대장대신[25]은 중의원에서 도쿄와타나베은행이 파산했다고 발언합니다. 경제 위기에 대한 불안이 퍼지는 와중에, 아직 부도나지 않은 은행을 부도났다고 잘못 발언한 것이었습니다. 이를 계기로 금융에 대한 사람들의 불안감이 더욱 커졌고, 결국에는 금융공황이 일본 사회를 강타했습니다. 와카쓰키 내각은 사태를 수습하려고 했지만, 평소 와카쓰키 내각에 반감을 품고 있었던 추밀원[26]은 내각의 대책에 강하게 반대했습니다. 결국, 사태 수습에 실패한 와카쓰키 내각은 퇴진할 수밖에 없었습니다. 이를 본 사이온지는 제2당인 정

25　예산과 경제 정책 전반을 관장하는 대장성의 장관.

26　천황의 자문기관으로서, 헌법 및 법률문제·긴급칙령·조약 등의 사안에서 정부를 견제하기도 했다.

우회 총재 다나카 기이치를 수상으로 추천했습니다. 제1당의 정당 내각에서 제2당의 정당 내각으로의 정권 교체가 처음으로 실현된 것이었습니다. 야당으로 전락한 헌정회는 정우회 내각의 출범으로 미래에 대한 전망을 상실한 정우본당을 흡수·합병합니다. 그래서 입헌민정당이하, 민정당을 결성합니다. 총재는 가토 내각에서 대장대신을 맡았던 하마구치 오사치浜口雄幸, 1870~1931가 맡았습니다. 이에 대해, 정권을 잡긴했지만 아직 소수 여당이었던 정우회의 다나카 내각은 의회에서 불리해지는 것을 우려했습니다. 그래서 중의원에서 다수를 얻어 정권의 기반을 공고하게 만들기로 했습니다. 이를 위해 1928년 2월, 의회를 해산하고 총선을 실시했습니다.[27]

이 선거는 민정당과 정우회라는 2대 정당이 격돌한 선거인동시에 남자보통선거법이 통과된 이래 처음으로 이루어지는 보통선거였습니다. 남자보통선거로 인해 유권자 수는 이전보다 비약적으로 늘었는데, 무려 전 인구의 20%가 넘었습니다. 급증한 유권자의 표심을 잡기 위해 양당은 신문 광고, 포스터, 레코드 등의 미디어 전략을 구사하며 치열한 선거전을 전개했습니다.

---

27 대통령제에서 국회의원은 끝까지 임기를 마친다. 하지만 의원내각제에서는 집권당이 의회를 해산하고 다시 총선을 실시할 수 있다.

2대 정당의 내거티브 캠페인

정당의 제1목표＝선거에서 이기는 것

상대를 끌어내리기 위한 공격으로 일관

정당이 국민의 마음에서 멀어짐

　정책으로 보면, 민정당은 헌정회 때부터 이어져 내려온 정
책을 답습했습니다. 그래서 내정은 긴축재정을, 외교는 시데
하라의 협조외교를 내걸었습니다. 한편, 정우회는 내정에서
는 적극재정을, 외교에서는 다나카 수상 겸 외상의 강경 외
교(특히 중국 대륙으로의 적극적인 진출)를 주장했습니다. 양당은
상대의 정책을 격렬하게 비난하며 대립했습니다. 일명 네거
티브 캠페인을 벌인 셈이지요. 총선 결과, 여당인 정우회는
217석, 민정당은 216석을 확보해서 1석 차이로 정우회가 간
신히 승리했습니다. 이 선거를 계기로 두 정당의 대립은 더
욱 격화됩니다. 그래서 서로 흠집을 내고 발목을 잡는 식으
로 상대를 부정했습니다. 이와 같은 두 정당의 대립은 정당
정치에 대한 국민의 불만을 초래했고, 나중에는 군부의 대두

와 연결됩니다. 아이러니한 것은, 그렇게나 중요하고 기념비적인 제1회 보통선거를 실시했음에도 불구하고, 정당정치는 안정적인, 통합의 정치를 만들어 주지 못했다는 것입니다.

그렇다면 왜 두 정당은 그렇게까지 첨예하게 대립했을까요? 현대의 정당정치는 선거에서 다수를 얻은 정당이 집권하는 것을 원칙으로 합니다. 그리고 선거를 통해 정권을 교체하는 것이 상식입니다. 그런데 당시 일본의 정당정치는 조금 다른 방식으로 전개됩니다. 즉, 집권당의 실정으로 제1당인 여당이 정권에서 물러나면, 제2당에게 정권이 돌아가는 방식이 정착됩니다. 그 때문에 2대 정당 시대의 8년간, 가토 다카아키의 호헌 3파 내각의 사례를 제외하면, 보통 제1당인 여당 내각이 물러나고 뒤이어 제2당이 집권하는 수순으로 정권이 교체되었습니다. 선거에서 승리해 제1당이 되어 정권을 잡는 게 아니라, 집권 여당이 물러나면 정권을 잡는 형국이었던 셈입니다. 자, 그러면 어떤 일이 벌어졌을까요?

상대의 실패를 통해 정권을 잡은 제2당은 정권의 안정을 위해 의회를 해산하고 총선을 실시합니다. 그래서 다수 의석을 얻기 위해 노력합니다. 가령, 다나카 가이치 내각이 출범할 당시 집권 여당인 정우회의 중의원 의석수는 190석이었습니다. 다나카는 기회를 노려 1928년에 의회를 해산하고 총선을 실시합니다. 정우회에서는 정권 유지를 위해 선거에서 반드시 승리해야 한다고 생각했습니다. 그래서 내무대신을 통해 선거 개입을 감행했습니다. 또 반대 정당인 민정당에 대해 집권 당시의 문제를 들추어내며 격렬하게 비난했습니다. 당시 벌어졌던 것은 내실 있는 정책 토론이 아니었습니다. 그저 상대를 끌어내려서 이기겠다는 노골적인 정치 싸움에 불과했습니다. 그런데 그렇게나 노골적으로 선거에 개입하던 다나카 내각도 1929년 7월에 총사직합니다. 군부의 일부 인사가 만주의 군벌 장쥐린張作霖을 폭탄으로 암살했는 데장쥐린 폭살 사건, 다나카 수상이 이를 대충 덮으려다가 천황의 질책을 받고 사직한 것입니다.[28] 육군 출신의 다나카 수상조차 육군을 통제하기 힘들었던 당시의 상황이 인상적입니다.

정우회의 다나카 내각이 물러나자, 다음 내각은 민정당의 하마구치 오사치 내각이 출범합니다. 하지만 하마구치 오사치 내각도 오래 지속되지 못했습니다. 1931년 4월에 총사직합니다. 하마구치 수상이 도쿄역에서 저격을 당했기 때문입니

28　원래는 군인 신분으로서 제멋대로 암살을 감행한 인사를 엄하게 처벌해야 했지만, 군부의 반발에 부딪혀 대충 넘어가려고 하다가 쇼와(히로히토) 천황의 노여움을 산 것이다. 참고로 쇼와 천황은 다나카 수상의 대 중국 강경책에 대해 분노한 것이 아니라, 앞뒤가 맞지 않는 다나카 수상의 일처리에 분노했다고 한다.

〈사진 6〉 장쭤린 폭살 사건으로 파괴된 열차
만주의 군벌 장쭤린은 오랫동안 일본과 협력하면서 세력을 유지했지만, 결국 대륙 침략을 노린 일본 군부에 의해 암살되었다. 사진 : 위키피디아

다. 결국, 큰 부상을 입은 하마구치는 내각과 함께 사직합니다. 물론, 이것은 민정당의 실정으로 인한 사퇴는 아니었습니다. 그래서 사이온지는 같은 민정당의 와카쓰키 레이지로를 수상으로 추천했습니다. 그래서 제2차 와카쓰키 내각이 출범합니다. 하지만 제2차 와카쓰키 내각도 세계적인 경제 대공황 속에서 국민의 지지를 잃었습니다. 그리고 1931년 9월, 만주사변이 발생한 상황에서는 육군의 폭주를 제대로 막지 못했습니다. 결국 제2차 와카쓰키 내각은 그해 12월에 물

러났습니다. 그러자 정권은 다시 정우회에게 돌아가고, 정우회 총재 이누카이 쓰요시가 내각을 조직합니다. 평균적으로 대략 1년 정도밖에 정권을 유지하지 못했던 셈입니다.

제2차 와카쓰키 내각의 경우, 총선을 시행하지 못하고 총사직한 케이스입니다. 그러나 다나카 내각, 하마구치 내각, 이누카이 내각은 모두 소수 여당으로 시작해서 의회를 해산한 뒤, 다수 의석을 획득했습니다. 가령 하마구치 내각은 173석에서 273석으로, 이누카이 내각은 171석에서 301석으로 의석을 크게 늘렸습니다. 그리고 그 과정에서 상대를 흠집내며 격렬하게 공격하는 것이 일종의 패턴으로 변했습니다. 물고 뜯고 싸우는 것이 일상화된 것입니다.

자, 이제 정권 교체는 선거의 승리를 통해서가 아니라, 집권 세력의 실정과 그로 인한 사퇴를 통해 이루어졌다고 정리할 수 있습니다. 따라서 당시의 정당 간 경쟁은 정책 토론이 아니라 야당의 정권 공격을 중심으로 전개되었습니다. 이처럼 2대 정당이 벌인 정쟁은 여러 가지 문제를 불러일으키다가 나중에는 정당정치 그 자체를 끝장내는 방향으로 연결됩니다. 실제로 당시 2대 정당의 기본정책을 비교해보면, 딱히 결정적인 차이점이 없었습니다. 당시에는 공산주의·사회주의 사상이 유행하고 있었고, 이에 따라 무산정당의 세력이 늘어나는 것이 화젯거리였습니다. 이에 2개 정당의 지도층은 경계심을 가졌습니다만, 사실 보통선거가 이루어져도, 딱히 무산정당은 그다지 표를 얻지 못했습니다. 민중의 지지는 주로 2대 정당에 있었다고 볼 수 있습니다.

그런데 무산정당과 비교해 2대 정당의 정책은 그 폭이 별로 넓지 않았습니다. 즉, 2대 정당이 표방하는 정책은 당시 사람들의 상식적인 범주에 그쳤습니다. 그런 정책으로는 선거에서 이기기 힘듭니다. 그래서 양 당은 기세를 타고 정적을 공격하기 위해 정책의 차이를 필요 이상으로 강조했습니다. 당시는 세계적으로 불황의 시대였는데, 그 상황에서 적극재정을 주장하는 정우회와 긴축재정을 주장하는 민정당 간에 예산 배정의 차이는 거의 없었습니다. 하지만 그럼에도 양당은 서로의 정책이 크게 다르다고 주장했습니다. 예산이 아니라 구호만 크게 달랐지만 말입니다.[29]

---

29 다만, 대외 정책에서는 민정당이 정우회와 비교해서 미국·영국과의 관계를 중요하게 여기긴 했다.

5. 정치 싸움에 군부를 끌어들이다

이처럼 정당은 '타락'했고, 이것은 일본 정치를 뜻하지 않은 방향으로 인도합니다. 보통선거가 이루어지기 2년 전인 1926년, 중국 국민당 정부의 장제스蔣介石는 중국의 통일을 위해 북벌을 개시했습니다. 그리고 이듬해 북벌군은 일본인이 많이 사는 산둥성山東省에 접근했습니다. 그러자 정우회의 다나카 기이치 내각은 일본의 권익과 2만 명에 이르는 일본인 거류민 보호를 이유로 산둥성으로 출병을 단행합니다. 이것이 제1차 산둥출병입니다. 그리고 1928년에는 제2차, 제3차 산둥출병을 단행하며 중국 정부와 군사적으로 충돌했습니다.

그렇다면 왜 다나카 수상은 출병을 단행했을까요? 물론 다나카 수상 본인이 중국에 대한 적극적인 군사행동을 지지하기는 했습니다. 그러나 동시에 민정당의 정책인 협조외교와의 차이를 강조하기 위한 정치적 계산도 빼놓을 수는 없습니다. 이제껏 정우회는 민정당의 외교를 '연약 외교'라고 비난해왔습니다. 그러므로 민정당의 외교 정책과 선을 긋기 위해 군사 행동을 적극적으로 일으켰던 것입니다. 하지만 앞에서 언급했듯이 다나카 내각은 장쭤린 폭살 사건의 수습 건으로 물러나게 됩니다. 그래서 민정당의 하마구치 오사치 내각이 정권을 잡게 됩니다. 하마구치 내각도 정우회와의 차이를 드러내는 정책을 전개합니다. 긴축재정과 국제협조를 표방하고 있던 민정당은 금본위제로의 복귀를 위해 금 수출 금지를 해제합니다.[30] 당시 주요 선진국의 대부분도 금 수출 금지를 해제하는 상황이었습니다. 그러므로 하마구치 수상과 이노우에 준노스케井上準之助 대장대신은 긴축재정과 함께 금 수출 금지를 해제하면, 환율의 안정과 함께 일시적으로 경기가 나빠져도 산업의 국제 경쟁력이 강해져 경제가 회복될 것이라고 주장했습니다.

하지만 1929년 10월 24일, 뉴욕 월스트리트의 주가 폭락으로 시작된 세계적인 경제대공황이 일본을 덮쳤습니다. 경제대공황은 불황을 초래하며 경제에 심각한 타격을 가했습니다. 이러한 상황에서 수출 산업은 경쟁력을 잃고 빈사 사태에 빠졌습니다. 기업은 차례로 도산했으며 도시에는 실업자가 넘쳐났습니다. 더욱이 극심한 흉작을 기록했던 도호쿠東北 지방의 농촌에서는 생활고 때문에 딸을 사창가에 팔아

---

30 19세기 후반부터 20세기 전반기까지 세계 경제는 영국 중심의 금본위제의 질서하에 있었다. 그러므로 금본위제로의 복귀는 국제 교역에 활발하게 참여하기 위한 정책의 일환이었다.

버리는 행위가 횡행했습니다.[31] 이런 비극적인 상황에서 2대 정당은 제대로 된 대책을 내놓지 못했습니다. 그리고 여전히 정치 싸움에 몰두했습니다. 사회적으로 정당정치에 대한 실망감은 점점 퍼져갔습니다. 거대 양당은 그저 유권자의 귀에 좋은 정책을 내걸 뿐이었습니다. 그 결과 어느 쪽이 집권해도 큰 흐름은 변하지 않고, 여전히 불황은 계속되고 있다는 생각이 공감을 얻기 시작합니다.

심각한 불황 · 피폐해지는 농촌

생활은 개선되지 않고 정당에 대한 불만이 높아졌음

대륙에서의 군부의 군사행동에 기대를 걸게 됨
내셔널리즘의 고양

원래대로라면, 두 정당이 국민을 위해 정책적 합의를 해나가는 등 분야에 따라 협력하는 것이 얼마든지 가능합니다. 그

---

31   근대 일본에서는 생활고를 못 이겨 미성년의 딸을 사창가에 넘기는 것이 법적으로 용인되었고, 실제로도 광범위하게 행해졌다. 사실상 인신매매였기에, 빈곤과 인권이라는 측면에서 중요한 사회 문제이기도 했다.

러나 실제로는 정권 유지 혹은 정권 탈취를 위해 서로의 정책을 공격할 뿐이었습니다. 경제 상황이 좋으면, 정권 쟁탈에 정신이 팔려도 사람들이 어느 정도 이해할 소지가 있습니다. 하지만 장기 불황이 계속되는 상황에서 정당이 정권 창출에만 집중하자, 정당의 목표는 민생과 완전히 유리되어 버렸습니다. 원래 정당정치는 널리 국민의 의사를 정치에 반영한다는 취지에서 출발한 것입니다 그런데 이렇게 되자, 국민들은 점차 정당을 지지하지 않게 되었습니다.

이러한 와중에 1930년 4월, 협조외교와 군축을 추진하던 민정당의 하마구치 내각이 런던해군군축조약을 체결했습니다. 원래 일본은 제1차 세계대전이 끝난 뒤인 1921년의 워싱턴군축회의에서 서구 열강과 함께 해군력을 축소하기로 결정했습니다. 그 결과 미국, 영국, 일본의 주력함[32] 보유 비율은 각각 5, 5, 3이 되었습니다. 그러자 일부 국가에서는 조약의 허점을 노려, 주력함 대신에 보조함[33]을 늘렸습니다. 그래서 보조함에도 제한을 가하기 위해 런던해군군축회의가 열렸습니다.

---

32   전함과 순양전함을 의미함. 당시 해군력 평가의 주요 기준은 전함과 순양전함의 배수량·척수였다.

33   구축함, 순양함, 잠수함 등 주력함에 비해 현저히 작은 전투 함정을 의미함.

〈사진 7〉 런던해군군축회의 당시 미국 대표단
이 회의는 사실상 미국, 영국, 일본의 해군력을 규정하는 자리였다. 일본은 미국·영국에 비해 불리한 조건을 받아들여야 했지만, 그래도 세계 3위의 해군력을 국제사회에서 인정받았다. 사진 : 위키피디아

　일본 정부는 일본의 보조함 전체 보유량을 미국 대비 70% 이하로 타결을 지었습니다. 그러자 해군 내부에서는 이를 두고 조약에 찬성하는 '조약파'와 이를 반대하는 '함대파'로 나뉘어 분열했습니다. 게다가 시간이 지나자 분열은 고착화되기까지 했습니다. 더욱이 언론과 야당인 정우회는 미국과 타협하는 민정당 정부를 강하게 비판했습니다. 정우회와 추밀

원은 정부를 공격하기 위해 대일본제국헌법[34] 제11조 "천황은 육해군을 통수한다"라는 통수 조항을 꺼내들었습니다 그리고는, 정부가 해군 군령부의 반대를 무릅쓰고 런던해군군축조약에 도장을 찍은 것은 통수권 육해군을 지휘하고 명령을 내리는 천황의 대권 을 침해한 것이며, 이는 헌법 위반이라고 격렬히 비난했습니다.[35] 정우회는 기본적으로 정당입니다. 그런데 상대편 정당을 공격하기 위해 조용히 있던 보수적이고 권위주의적인 추밀원에 힘을 불어넣었고, 해군의 일부 세력과도 연대했던 것입니다. 이것이 통수권간범[36] 문제입니다. 결과적으로, 통수권간범 문제는 군부가 정치에 개입하는 구실을 부여했습니다. 그 후 군부는 어떤 정부가 군의 뜻과 맞지 않는 결정을 내리면, 통수권간범이라며 정부를 거세게 비판했습니다. 그렇게 군부는 반쯤 독립된 존재가 되어 갔습니다. 행정을 집행하는 정부와 법률과 예산을 통과시키는 의회가 육군

34　1889년에 공포된 메이지 헌법의 공식 명칭. 근대 일본의 질서를 결정지었던 헌법이며, 제2차 세계대전 이후, 오늘날의 일본국헌법으로 바뀌었다.

35　군대의 최종 지휘권이 천황에게 있다고 메이지 헌법에 규정되어 있는 것은 사실이다. 하지만 그렇다고 천황이 그 지휘권을 마음대로 행사했던 것은 아니다. 그러므로 군부와 정우회의 비난은 비교적 민주적인 정부를 무너뜨리기 위해 천황의 권위를 내세웠던 것에 불과하다.

36　천황의 통수권이 침해당했다는 뜻이다. 민정당 정권이 천황의 군 통수권을 침해하는 엄청난 문제를 일으켰다는 뉘앙스가 깔려있는 용어이다.

과 해군에 손을 댈 수 없게 되었기 때문입니다.[37]

앞에서 언급한 것처럼, 하마구치 오사치 수상은 군축을 추진하다가 군부와 대립하게 되었습니다. 그 후 우익 청년의 저격을 받아 중상을 입었는데, 그 후유증으로 사망합니다. 그 뒤를 이어 민정당의 제2차 와카쓰키 내각이 탄생합니다. 와카쓰키 내각은 중국에서 일본의 권익을 더욱 확대하라고 외치는 육군의 움직임을 제어하지 못한 채, 만주사변을 맞이하게 되었습니다. 만주사변은 관동군만주 주둔 일본군 중심의 군부가 멋대로 일으킨 사건이었습니다. 그래서 처음에 와카쓰키 내각은 만주에서의 군사 행동을 더 이상 확대하지 않으려고 했습니다. 하지만 결국에는 군부의 폭주를 추인하기에 이릅니다. 그 후 정권이 바뀌어 정우회의 이누카이 쓰요시 내각이 출범했습니다. 이누카이 쓰요시는 내각 출범 전까지는 군부와 친밀한 관계를 유지했었습니다. 그런데 내각 출범 후, 관동군이 만주중국 동북부의 주요 지역을 점령하더니, 1932년에는 '만주국'의 건국을 선언하기에 이릅니다.

당시 오랜 불황에 고통받던 국민들은 대륙 진출을 통해 경제 문제가 해결되기를 기대했습니다. 그래서 군부를 친근

---

[37]   현대의 민주주의 국가에서는 국방부를 통해 군대의 지휘권 및 여러 가지 사항을 통제한다.

〈사진 8〉만주의 중심 도시 선양에 진입하는 일본군
만주사변 당시 일본군은 신속하게 주요 도시를 포함한 만주 전역을 점령했다. 이것은 중일전쟁과 태평양전쟁으로 이어지는 거대한 전쟁의 서막이었다. 사진 : 위키피디아

하게 생각하게 되었습니다. 한편, 선거 승리와 정권 쟁탈에 열중하던 정당은 국민의 지지를 얻기 위해, 군부와 반反 정당세력에게 접근해서 그들의 힘을 이용하려고 했습니다. 수단과 방법을 가리지 않고, 상대 정당을 쓰러뜨리려고 말입니다. 하지만 이와 같은 노력은 군부의 부상이라는 결과를 초래하고 말았습니다.

6. 정당정치의 종언

사실 제2차 와카쓰키 내각이 만주사변으로 쓰러질 무렵, 와카쓰키 수상은 본인의 내각만으로는 군부의 독주를 제어할 수 없다고 생각했습니다. 그래서 정우회와 연립내각을 구성하려고 했습니다. 만약 이때 정치인들이 정당정치를 지키고, 군부의 세력을 억제하기 위해 일치단결했다면, 이후 일본의 역사는 다르게 흘렀을지도 모릅니다. 어쩌면 중국과의 전면전, 미국과의 전쟁도 하지 않을 수도 있었습니다. 그러나 정당 정치인들은 그렇게 하지 않았습니다. 왜냐하면, 거대 양당 내에서도 군부 친화적인 인사들이 생겨났기 때문입니다. 여기에 각 당의 고집과 견해 차이가 뒤섞여, 결국 연립내각 시도는 물거품이 되었습니다.

군부는 독주를 계속했습니다. 그리고 정당정치에 불만을 갖고, 불황과 관련해 정치권을 원망하는 많은 사람들이 군부를 주목했습니다. 상황이 이 지경에 이르자 아예 정치판을 싹 갈아엎겠다는 무리들이 생겨났습니다. 1932년 5월 15일 해군 청년 장교들이 수상 관저를 습격하고 이누카이 수상을 살해했습니다5·15사건. 과거 정우회와 이누카이 내각은 군부에 접근해서 민정당 정권을 무너뜨렸습니다. 그런데 그런 정우회도 군부 세력을 누를 수 없는 지경에 이르렀던 것입니다. 더욱이 군부에 기대를 가지면서 정치권에 불만을 가진 사람들의 불만도 높아져만 갔습니다.

5·15사건 이후, 총리대신이 된 사람은 조선총독을 지낸 해군 대장 사이토 마코토斎藤実, 1858~1936[38]였습니다. 지난 8년간 사이온지 긴모치는 정당 내각을 지향해왔습니다. 그래서 제1당의 지도자를 수상으로 추천했지요. 하지만 이젠 '중간 내각'을 선택하며 노선을 변경했습니다. 정당, 군인, 관료 등이 모인 소위 '거국일치 내각'을 만들도록 한 것입니다. 사이온지의 입장에서는 정당 내각을 일시적으로 정지시킨 것에 불과합니다. 하지만 결과적으로 정당이 중심이 된 정치는 8년 만에 종언을 고했습니다. 즉, 사이온지의 처음 의도와는 달리, 정당 내각은 일본이 제2차 세계대전에서 패전할 때까지 다시 생겨나지 못했습니다. 왜 정당정치는 좌절되었을까요? 아니, 왜 스스로 자기 목을 졸랐는지를 질문해야 할 것 같습니다.

1924년, 다수 국민의 기대를 안고 출범한, 정권 교체가 가능한 2대 정당 시대가 열렸습니다. 그리고 1928년에는 일본

---

38   3·1운동 이후 조선 총독이 되어 '문화통치'를 시행했다.

2대 정당은 왜 자멸했을까

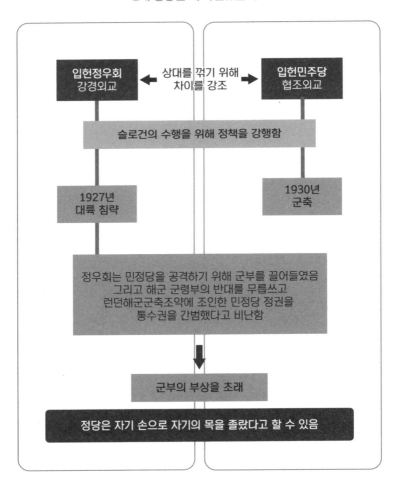

입헌정우회
강경외교

◀ 상대를 꺾기 위해
차이를 강조 ▶

입헌민주당
협조외교

슬로건의 수행을 위해 정책을 강행함

1927년
대륙 침략

1930년
군축

정우회는 민정당을 공격하기 위해 군부를 끌어들였음
그리고 해군 군령부의 반대를 무릅쓰고
런던해군군축조약에 조인한 민정당 정권을
통수권을 간범했다고 비난함

군부의 부상을 초래

정당은 자기 손으로 자기의 목을 졸랐다고 할 수 있음

최초로 보통선거가 실시되었습니다. 그러나 정당정치는 정권 쟁탈로 얼룩졌으며, 실정을 되풀이했습니다. 정당은 불황에 시달리던 국민에게 진정성을 갖고 다가가지 않았고, 국민의 절실한 마음을 알려고도 하지 않았습니다. 오직 정권 투쟁에 집중하며 상대를 끌어내리는 데 열중했습니다. 그 결과 정당정치에 대한 국민의 기대감은 빠르게 실망으로 변했습니다. 만주사변 이후 군부는 정치적으로 독주를 계속합니다. 이것을 경계했던 사람도 일부 있었습니다만, 많은 국민들은 군부의 행동에 기대감을 가졌습니다. 그래서 법 위에 군림하며, 초법적으로 날뛰는 행동에도 동조했습니다.

정당정치는 스스로 목을 조이며 종언을 고했습니다. 그 이전에 하라 다카시는 원로, 관료, 귀족원, 추밀원, 군부 등 여러 조직과 유력 인사들을 정우회로 끌어들이는 한편, 정치적 중립을 지키도록 유도했습니다. 이를 통해, 정당 내각이 여러 정치 세력보다 우위에 서도록 했습니다. 그런데 이와 같은 유산을 8년 동안 대부분 까먹어버렸던 것입니다. 본래 정당은 국민의 뜻이 정치에 반영되기 위해 만들어졌고, 실제로도 국민의 가까이에 존재합니다. 그런데 그런 정당이 어째서 제대로 된 역할을 수행하지 못한 채, 국민으로부터 버림받았을까요? 그 해답을 찾기 위해서는 '본격적인 정당 내각'이 탄생했던 시대로 시간을 거슬러 올라가야 할 것 같습니다. 이를 통해 정당정치의 일본적인 특질에 대해 생각하고 싶습니다. 그래서 제2장에서는 하라 다카시 내각의 시대에 주목합니다.

제2장

정당 내각의
빛과 그림자

―

1918년

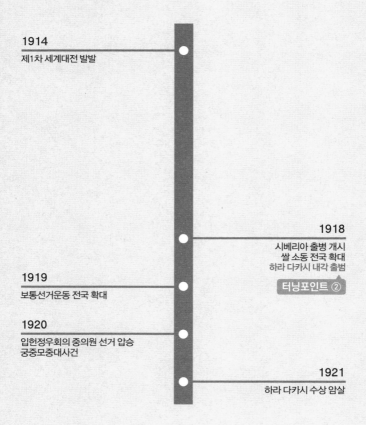

1914
제1차 세계대전 발발

1918
시베리아 출병 개시
쌀 소동 전국 확대
하라 다카시 내각 출범
터닝포인트 ②

1919
보통선거운동 전국 확대

1920
입헌정우회의 중의원 선거 압승
궁중모중대사건

1921
하라 다카시 수상 암살

1. 번벌 정치와 야마가타 아리토모

제1장에서는 근대 일본이 처음으로 2대 정당 시대를 맞이했던 1920년대 후반을 다루었습니다. 그러나 국민의 기대를 등에 업고 등장한 2대 정당 즉, 정우회와 헌정회훗날의 민정당는 격렬히 대립하며 싸움을 되풀이했습니다. 민생을 등한시한 채, 당리당략에만 몰두하는 정당들에 국민들은 크게 실망했습니다. 그래서 그 틈을 타 군부의 부상과 정치 개입이 이루어졌습니다. 물론 이것은 이후 거대한 전쟁으로 일본을 인도하게 됩니다.

그렇다면 왜 2대 정당제는 실패로 끝났을까요? 왜 '헌정의 상도'에 입각해서 정권 교체가 이루어지는, 건전한 2대 정당제가 정착되지 못했을까요? 그 답을 찾기 위해, 제2장에서는 본격적인 정당정치가 실현된 1918년에 주목하고자 합니다. 이때는 하라 다카시 내각이 출범한 시기입니다. 하라 내각의 출범은 정말로 커다란 터닝 포인트라고 할 수 있습니다. 당시는 1914년에 시작된 제1차 세계대전이 곧 끝나가는 시기였습니다. 그때 일본은 '대전 경기'라고 불릴 만큼 제1차 세계대전의 호황기를 만끽하고 있었습니다. 당시의 수상 데라우치 마사타케寺内正毅, 1852~1919[1]는 조슈 출신의 육군 대장

〈사진 1〉기병대 군감 시절의
야마가타 아리토모 ▶
혼란의 시대에 그는 도쿠가와 막부를 무너뜨리
고 새로운 정부를 세우는 데 성공했다.
사진 : 위키피디아

〈사진 2〉야마가타 아리토모 ▼
메이지 정부의 지도자로서 이토 히로부미와 비
견되는 인물이며, 일본 육군의 대부이기도 했
다. 당시에도, 오늘날에도 상당히 근엄한 이미
지를 갖고 있다. 근대 일본의 보수성을 나타내
는 인물이다.
사진 : 위키피디아

으로 같은 조슈 출신의 원로 야마가타 아리토모의 강한 영향 하에 있었던 인물입니다. 당시 사람들은 데라우치 내각을 좋게 보지 않았습니다. 국민의 뜻과는 상관없이 야마가타와 같은 원로들이 군인 출신의 인사를 수상으로 추천사실상지명하는 것을 싫어했기 때문입니다. 1916년 10월, 데라우치 내각 출범 당시 원로의 상당수는 이미 사망한 상태였습니다. 그래서 조슈 출신의 야마가타 아리토모, 사쓰마 출신의 마쓰카타 마사요시 그리고 1912년에 원로의 대열에 합류한 공가 출신의 사이온지 긴모치만 남았습니다.

그중 야마가타는 조슈 출신 인사를 중심으로 정계, 관계에서 야마가타벌이라고 불리는 파벌을 만들었고, 그럼으로써 여전히 강력한 영향력을 행사하고 있었습니다. 야마가타는 조슈번을 비롯해 메이지유신에서 공을 세운 다른 번 출신 인사들까지 포함해 번벌藩閥[2]을 조직했습니다. 출신에 입각한 일종의 파벌인 셈입니다. 번벌은 선거를 통해 뽑힌 중의원과

---

1   육군 군인으로 육군대신, 조선 총독, 수상 등을 역임했다. 야마가타 아리토모, 가쓰라 타로의 뒤를 이어 육군 주류의 인물이기도 하다. 초대 조선 총독으로 부임해서 무단통치를 시행했다.

2   메이지유신에 공훈을 세운 사쓰마, 조슈, 도사(土佐), 히젠(肥前) 출신을 중심으로 한 정치적 파벌. 이들은 19세기 후반부터 20세기 초반까지 일본의 군사, 정치를 지배했다.

는 상관없이, 자기네 쪽 인사를 차례로 수상에 앉혔습니다. 그리고는 이것을 축으로 해서 귀족원, 추밀원, 관료기구 그리고 군부까지 장악했습니다. 자신들의 지배를 일종의 시스템으로 구축한 셈입니다. 그리고 그 중심에는 야마가타가 있었습니다.

야마가타는 조슈번의 아시가루足輕라고 하는 매우 낮은 신분의 무사 출신이었습니다. 그는 다카스기 신사쿠高杉晋作가 창설한 기병대奇兵隊[3]에 들어가 출세의 기회를 얻었습니다. 그리고 보신전쟁戊辰戰爭[4]에서는 신정부군의 지휘관으로 활약했고, 메이지유신 이후에는 육군의 창설과 근대화에 커다란 공을 세웠습니다. 그 결과 야마가타는 육군 대장, 육군 원수가 되었고, 나중에는 정치가로 변신해 내무대신, 수상, 추밀원 원장 등의 요직을 역임했습니다. 그래서 같은 조슈 출신의 이토 히로부미와 함께 정계, 관계의 거물로 군림했습니다. 그야말로 메이지 정부를 대표하는 정치가인 동시에, 번벌 정치의 화신과도 같은 인물이었던 것입니다.

---

3   말을 타는 기병대가 아니라, 정규군과는 반대된다는 의미의 기병대이다.

4   1868년과 1869년에 걸쳐 벌어진 신정부군과 옛 막부 세력 간의 내전이다. 이 전쟁에서 신정부군이 승리함으로써 메이지 정부는 옛 막부 세력을 무너뜨리고 통일 정부를 수립할 수 있었다.

2. 정당정치를 지향한 하라 다카시

번벌 정치는 그야말로 강력했습니다. 그런데 이에 맞서 '노!'를 외치면서 정당정치를 실현하려고 했던 사람이 정우회의 3대 총재 하라 다카시입니다. 그는 1900년의 정우회 창당 이래, 당의 중심적 역할을 행했던 정치가입니다. 하라는 1856년, 난부南部번[5]에서 2남으로 태어났습니다.

그의 가문은 번주 일족에 버금가는 가문이었습니다. 메이지 유신 이전의 막부 시대에는 야마가타보다 더 좋은 집안 출신이었던 셈입니다. 그러나 난부번은 보신전쟁에서 메이지 정부와 맞서 싸우는 바람에 '조정의 적'[6]으로 낙인이 찍혔습니다. 그래서

〈사진 3〉하라 다카시
근대 일본의 정당정치를 상징하는 인물이다. 강한 신념과 뛰어난 정치력을 갖춘 정치가로 평가받고 있다. 사진 : 위키피디아

---

5   모리오카(盛岡)번과 동일.
6   신정부는 천황 중심의 통치를 내세웠기 때문에, 천황에 대한 반역은 천황이 이끄는 조정(朝廷)의 적으로 간주된 것이다.

난부번 출신자는 많은 고통을 겪었고, 정부에서 출세하기도 매우 어려웠습니다. 그들은 역경을 극복하고, 정부의 요직을 얻기 위해 학문의 연마에 힘썼습니다. 하라 다카시는 '일산一山,逸山'이라는 호를 갖고 있었습니다. 이것은 '백하이북일산백문白河以北一山百文'이라는 도호쿠東北 지방에 대한 모멸적인 호칭에서 딴 것입니다. 일부러 모멸적인 호칭을 따서 자신의 호를 지었던 이유는 무엇일까요? 아마도 평생 번벌에 대한 적개심을 가지겠다는 결심 때문이었던 것 같습니다.

하라 다카시는 메이지유신 이후 도쿄로 유학을 떠났습니다. 그리고 사법성 학교[7]를 거쳐 유빈호치신문사郵便報知新聞社에 입사해서 기자로 활동했습니다. 그리고 외무성에 들어가 공무원이 되었습니다. 외무성에서 하라는 이노우에 가오루, 무쓰 무네미쓰陸奧宗光의 신임을 받아 출세를 거듭해 나중에 차관까지 올랐습니다. 하지만 이후 하라 다카시는 무쓰의 죽음을 계기로 공무원을 그만두고 『오사카마이니치신문』의 사장으로 일하다가, 1900년에는 정우회의 창당에 참가했습니다. 그 후 정우회의 초대 총재였던 이토 히로부미가 수상이 되자 제4차 이토 내각의 체신대신에 취임하기도 했습니다.

7　사법성(법무부에 해당)이 세운 학교.

이토 히로부미는 원래 조슈 출신으로 메이지유신의 공로 자였고, 나중에는 원로가 되었습니다. 그는 야마가타와 함께 원로의 중심 인물이었지만, 앞으로 일본의 정치는 정당정치로 나아갈 것이라는 것을 꿰뚫고 있었습니다. 그래서 스스로 정당을 만들고, 정당의 인사를 이끌고 내각을 출범시키기위해 여러 번 노력했습니다. 이에 대해, 야마가타는 정당 자체를 적대시했습니다. 그래서 정당정치가 대세가 되는 것을 저지하려고 했습니다. 사실 메이지明治 천황[8]도 정당을 불신했기 때문에 이토 히로부미가 정당을 만들려는 것을 강하게 반대했다고 합니다. 일본에서 정당은 자유민권운동[9] 계열의 사람들로부터 탄생했고, 그래서 '반정부'라는 이미지가 꽤 강했습니다. 그래서 이토 히로부미는 천황을 강하게 지지하는 세력이 정당 내에도 있어야 한다고 하면서, 메이지 천황을 설득했다고 합니다. 민의에 의한 정당정치를 통해, 국민의 의사를 정치에 반영해야 한다고 생각했던 하라 다카시에게도 야마가타의 존재는 거대한 벽과도 같았습니다.

---

[8] 1852~1912. 근대 시대의 첫 번째 천황으로서, 메이지유신 시기의 천황으로 유명하다. 무쓰히토(睦仁) 천황이라고도 한다.

[9] 메이지 정부의 번벌 정치에 맞서 전개된 입헌운동. 근대화와 함께 서구의 자유·평등·민권사상이 소개됨에 따라 19세기 후반에 전개되었다. 서구식 입헌 국가 그리고 그에 맞는 정치체제를 주장하며 메이지 정부에 맞섰다.

3. 본격적인 정당 내각의 탄생

1918년, 일본 전국을 들끓게 한 쌀 소동이 일어났습니다. 당시는 농촌에서 도시로 인구가 유입되고 있는 시대였습니다. 이런 상황에서 쌀 수급의 균형이 무너지는 일이 발생하자, 투기 수요까지 겹쳐 쌀의 매점 현상이 벌어졌고, 그 결과 쌀값이 크게 폭등했습니다. 그러자 7월에 도야마富山현의 우오즈마치魚津町에서 쌀의 반출을 반대하는 여성 40여 명이 해안가에 모인 것을 시작으로, 쌀의 반출 반대와 쌀값 인하를 요구하는 운동이 벌어집니다. 신문에서는 이 사건을 "도야마 여자들의 봉기"라고 하는 등 자극적으로 보도했기 때문에, 이 소동은 주변 지역에도 파급됩니다. 여기에 민중들이 미곡상, 도매상, 자산가들에게 몰려가 쌀을 내놓으라고 요구하는 등 전국으로 소동이 퍼져나갔습니다. 쌀 소동은 약 50일에 걸쳐 전국 각지를 휩쓸었고, 참가 인원은 전국적으로 70만 명에 달했으며, 정부는 10만 명 이상의 군대를 동원해, 경찰과 함께 진압에 나섰습니다.

신문 등의 언론에서는 이 소동을 호의적으로 소개하며, 그 책임은 번벌 정부, 데라우치 마사타케 내각에 있다는 등 격렬하게 정부를 비판했습니다. 원래 정부에서는 신문사를 엄격한 보도 통제하에 넣으려고 했었습니다. 그런 점도 신문사의 정부 비판을 더욱 강하게 했다고 볼 수 있습니다. 쌀 소동이 이렇게 커지자 데라우치 수상도 결국 사직하게 되었습니다.

데라우치 수상이 물러나자, 원로 야마가타는 같은 원로였던 사이온지 긴모치에게 내각 조직을 요구했습니다. 하지만 사이온지는 이미 정우회의 2대 총재의 자리에서 물러난 상태였고, 정계 일선에서도 물러나기로 결심한 상태였습니다. 그래서 야마가타의 요구를 거절하고, 오히려 하라 다카시를 다음 수상으로 추천할 것을 권유했습니다.

쌀 소동으로 인한 하라 다카시 내각의 탄생

**1918년 7월,
쌀 소동 시작**

번벌 정부에 대한 민중의 불만 폭발

데라우치 마사타케 내각 총사퇴

**본격적인 정당 내각으로서,
하라 다카시 내각 탄생**

아직 야마가타에겐 정당을 향한 씻기 어려운 불신이 남아 있었습니다. 그래서 하라 다카시가 내각을 구성하는 것을 끝까지 반대하려 했습니다. 하지만 대세는 이미 하라 다카시가 수상이 되는 것이었고, 야마가타도 그 대세를 더이상 막기는 어려웠습니다. 9월 27일, 결국 하라는 야마가타의 추천을 받고, 천황으로부터 내각 구성을 명받았습니다. 그리고 29일에 수상이 되었습니다. 정우회를 여당으로 하는 최초의 본격적인 정당 내각이 탄생하는 순간이었습니다. 그리고 하라는 육상육군대신, 해상해군대신, 외상외무대신을 제외한 내무성, 대장성, 사법성, 농상무성, 문부성, 체신성의 대신장관들을 정우회의 당원으로 채웠습니다(사법성의 장관은 하라 수상이 겸임했음). 이전에는 없었던 정당 중심의 내각이었습니다. 현대 정치에서는 너무나도 당연한 것이지만 말입니다.

이뿐만이 아닙니다. 하라 다카시는 작위를 받지 않은, 중의원 의원 출신으로 수상이 된 최초의 수상이었습니다. 작위라는 것은 공작, 후작, 백작, 자작, 남작으로 분류되는 화족華族[10]의 등급을 가리킵니다. 원래 작위는 옛 도쿠가와 막부

---

[10] 근대 일본의 상류 계급. 귀족과 비슷하지만 국가에 공을 세운 사람, 저명인사도 편입된다는 점에서 조금은 다르다. 하지만 귀족 계급과 같은 역할을 한 것은 사실이다.

시대의 다이묘大名[11] 및 공가 출신 그리고 메이지유신에 공을 세운 공신들에게 수여되었습니다. 참고로 야마가타는 가장 높은 등급인 공작이었습니다. 그 이전의 정당 내각본격적인 정당 내각은 아니었음의 경우, 수상은 취임했을 때 이미 작위를 받은 상태였습니다. 즉 일반 서민과는 구별된 존재였지요. 가령 오쿠마 시게노부大隈重信, 1838~1922,[12] 이토 히로부미, 사이온지 긴모치는 여당 당대표인 동시에 각각 백작, 후작의 작위를 갖고 있었습니다. 그리고 중의원 의원도 아니었습니다. 그 상태에서 수상에 취임했지요. 반면, 하라 다카시는 당대표이긴 했지만 작위는 없었고, 중의원에 의석을 가진 국회의원이었습니다. 사실 하라도 작위를 받을 기회가 여러 번 있었습니다. 그러나 받지 않았고, 그 원칙을 죽을 때까지 고수했습니다. 그렇기 때문에 하라는 '평민 재상'으로 불리었습니다. 게다가 그는 번벌에 전혀 속하지 않은 사람이었습니다. 그런 점에서 국민들은 하라가 수상에 취임하기를 기대했습니다. 그리고 그 기대는 점점 부풀어 올랐습니다.

---

[11]   주요 지방 영주.

[12]   근대 일본의 교육자, 정치인. 와세다대학의 설립자로 유명하다.

4. 야마가타의 결단

앞에서 언급했듯이 야마가타 아리토모는 정당을 무척이나 싫어했습니다. 그래서 하라 다카시를 수상에 추천사실상지명에가까움해서 정당 내각을 인정하는 것을 마지막까지 꺼려했습니다. 그는 자기 손으로 메이지유신을 이루었다는 자부심을 갖고 있었고, 그 때문에 천황제 국가인 메이지 정부를 자기 자신과 동일시하는 경향마저 있었습니다. 그는 자신들, 즉 유신의 원훈元勳,공로자들이 천황을 받들어 막부를 무너뜨리고 메이지 정부를 세웠다고 생각했습니다. 그래서 국민들은 어디까지나 통치의 대상일 뿐, 자신들이 국민에 의해 뽑혔다고 생각하지 않았습니다. 즉, 국민의 지지를 통해 권력을 유지한다는 개념이 거의 없었던 셈입니다. 이러한 생각에 입각해서 야마가타는 정당이 자신들이 국가 원수로 내세운 천황의 지위를 위협해, 나중에는 메이지 국가의 근간을 흔들 수 있다고 생각했습니다.

자, 그러한 상황에서 1918년 쌀 소동이 벌어졌습니다. 이때 야마가타 등의 지배층은 체제의 근간이 흔들릴 수 있다는 공포감을 느꼈습니다. 그 전년도에 러시아에서 공산 혁명이 일어나 사회주의 정권이 수립되는, 사상 초유의 사건이 벌어졌기 때문입니다. 사회주의는 20세기 초반 세계를 덮쳤습니다. 일본에서도 사회주의·공산주의 사상이 지식인을 중심으로 퍼져나갔습니다. 가령 1901년, 아베 이소安部磯雄, 1865~1949, 가타야마 센片山潜, 1859~1933, 고토쿠 슈스이幸德秋水, 1871~1911가 최초의 사회주의 정당인 사회민주당을 결성했습니다. 당시 이토 내각은 치안경찰법에 의거해 사회주의 정당의 결사를 금지했습니다만, 1906년에는 사카이 도시히코堺利彦, 1871~1933에 의해 일본사회당이 만들어집니다. 사카이 등은 당의 강령에 "국법의 범위 내에서"라는 문구를 넣어서 합법적인 정당이라는 것을 강조했습니다. 참고로 일본사회당을 인정했던 사람이 당시 사이온지 내각에서 내무대신을 맡았던 하라 다카시였습니다. 하라가 사회주의를 이해해 주었던 것은 아닙니다. 다만, 정당정치를 내세우며 번벌 정치를 깨뜨리려고 했기 때문에 정당의 활동을 제한적으로나마 인정해주었던 것입니다.

물론, 야마가타로 대표되는 번벌 정치의 지도자들은 사회주의 정당을 경계하고 증오했습니다. 그 결과 1910년에 대역사건이 벌어졌습니다. 대역사건은 사회주의자들이 천황의 암살 계획을 세우다가 발각되었다는 것으로, 이때 수백 명의 사회주의자·무정부주의자들이 체포되었고, 그중 24명에게 사형 판결이 내려졌습니다. 그중 12명이 처형되고 5명이 옥사했습니다. 오늘날의 관점에서 이것은 사회주의 세력의 탄압을 목적으로 한, 완전히 날조된 사건입니다. 대역사건은 당시 일본 지배층이 사회주의 사상을 얼마나 경계하고 증오했는지를 여실히 보여줍니다. 그리고 야마가타는 이 사건에 깊숙이 개입해서 사실상 공작을 뒤에서 조종했습니다. 그 후에도 야마가타는 좌익세력의 확산을 경계해서 사회주의·공산주의 세력을 탄압하는 정책을 밀어붙였습니다. 그런 야마가타에게 쌀 소동과 소비에트 정권의 성립은 대단히 위험한 전조였습니다. 그는 민중 봉기로 인해 심혈을 기울여 구축한 국가체제가 무너질 수도 있다는 공포에 사로잡혔습니다. 이런 이유에서 야마가타는 정당정치를 지향하는 세력과 타협할 수밖에 없었습니다. 다시 말하면, 민중의 불만을 진정시키기 위해 일단 미봉책을 택한 것입니다. 그리고 타협의 일환으로 하라 다카시를 수상에 추천했습니다. 그렇게 하라 다카시 내각이 탄생했습니다.

5. 하라의 주도면밀한 전략

하라 다카시가 수상이 되기 이전의 내각은 많은 경우 번벌의 통제를 피할 수 없었습니다. 이에 대해 하라는 의회가 중심이 된 정당정치를 정착시키고자 했습니다. 그래서 번벌 세력의 힘을 약화시키기 위해 주도면밀하면서도 치밀한 전략을 짰습니다. 한편, 야마가타는 하라가 이끄는 정우회가 정국의 주도권을 장악하는 것을 막기 위해 입헌국민당이하, 국민당과 관료계통의 소회파小會派, 헌정회의 일부 세력과 힘을 합쳐서 중의원 내에서 정우회, 헌정회에 이은 제3의 세력을 구축하려 했습니다. 하지만 그러한 시도는 당시 한창 떠오르던 보통선거운동의 열기 속에서 별다른 진전을 보지 못했습니다. 이를 본 하라는 야마가타 등의 번벌 세력이 여전히 무시할 수 없는 힘을 가졌다고 판단하고, 우선 야마가타의 뜻대로 움직이는 추밀원, 귀족원, 군부 세력을 자신의 편으로 끌어들이기 위해 정치 공작을 개시했습니다. 그 결과, 많은 유력 인사들이 정우회에 입당했습니다. 그 대표적인 사례가 육군의 다나카 기이치田中義一, 1864~1929의 입당입니다. 그는 육군 내에서 가쓰라 타로桂太郎, 1848~1913,**13** 데라우치 마사타케의 후계자로 거론되던 인물로서, 야마가타 계열의 인사라고 할 수 있습니다. 그는 하라 내각에서 육상육군대신을 역임한 다음 정우회에 입당했습니다. 또 유력한 관료로서 사법 관료 출신의 스즈키 사부로鈴木喜三朗도 나중이긴 하지만 정우회에 입당합니다. 그 외에도 하라는 추밀원, 궁중이 가능한 정치에 관여하지 않도록 조치를 취하고비정치화, 그게 안 되면 최소한 번벌 세력의 편에는 서지 않게 노력했습니다중립화. 또 귀족원에 대해서도 귀족원 내 최대 계파인 연구회研究會를 정우회로 포섭하기 위해 노력했습니다. 앞에서 언급했듯이, 하라는 수상으로서 사법대신도 겸하고 있었습니다. 그런데 수상 취임 2년 가까이 지나고 나서 연구회의 대표 정치가 오키 엔키치大木遠吉를 사법대신으로 영입했습니다. 그리고 귀족원을 완전히 자기 편으로 만들고 말았습니다(귀족원이 친 정우회 세력이 됨).

---

13   메이지 시대의 군인, 정치가. 한반도의 식민지화를 위해 미국과 가쓰라-태프트밀약을 맺은 것으로 유명하다.

6. 정우회의 압승

하라 다카시는 중의원에서도 정우회가 압도적인 힘, 즉 압도적인 의석을 얻어야 한다고 생각했습니다. 그래서 선거법개정을 추진했습니다. 그 내용은 선거권의 확대인데, 선거권의 납세 자격을 완화하는 것, 대선거구제에서 소선거구제로의 전환을 골자로 합니다. 납세 자격의 경우, 그 금액을 직접국세 10엔 이상에서 3엔 이상으로 내렸습니다. 이를 통해 유권자 수가 크게 늘어났습니다. 늘어난 유권자 수의 상당수는 정당정치를 지지하는 사람이었기 때문에 이는 정우회에게 유리하게 작용했습니다. 또 소선거구제는 같은 선거구에서 1명밖에 당선되지 못하기 때문에 정우회와 같은 거대 정당에 매우 유리한 구조입니다. 선거법개정안은 1919년 3월 8일에 중의원을 통과했습니다만, 귀족원이 문제였습니다. 귀족원에서는 여전히 야마가타 세력이 강력한 힘을 갖고 있었는데, 그들은 민주주의의 발달을 경계하고 있었습니다. 민주주의 물결이 귀족원에도 영향을 미쳐 야마가타 세력에 대한 반발로 이어졌기 때문입니다. 그래도 하라 다카시의 노력에 힘입어 법안은 귀족원을 무사히 통과했습니다. 최근의 연구에 따르면, 당시 귀족원에서는 의원들의 야마가타 세력 이탈이 의

하라 내각의 선거법 개정

정우회를 선거에서 우세하게 만들기 위한 개정

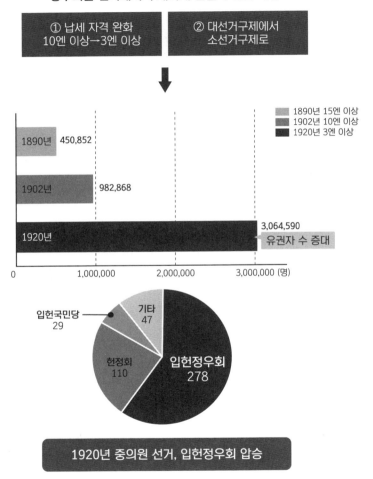

| ① 납세 자격 완화 10엔 이상→3엔 이상 | ② 대선거구제에서 소선거구제로 |

1890년 15엔 이상
1902년 10엔 이상
1920년 3엔 이상

1890년 450,852
1902년 982,868
1920년 3,064,590 유권자 수 증대

0   1,000,000   2,000,000   3,000,000 (명)

입헌국민당 29
기타 47
헌정회 110
입헌정우회 278

1920년 중의원 선거, 입헌정우회 압승

외로 빠르게 진행되고 있었다고 합니다. 그래서 귀족원 내 야마가타 계열 의원의 비중은 1918년 말에는 31.9%, 1919년 말에는 이것이 12.1%로 급락했습니다. 그 결과, 귀족원 내 최대 계파였던 야마가타 계열은 제3의 세력으로 전락했습니다.

민주주의의 흐름 속에서 당시 일본에서는 보통선거운동이 점점 뜨겁게 달아올랐습니다. 하지만 하라는 꿈쩍도 안 했습니다. "세간에 보통선거론이 있긴 하지만, 지금은 시기가 아니라고 생각한다"라고 자신의 일기『하라 다카시 일기(原敬日記)』에 적었듯이, 하라는 어디까지나 새로운 선거법으로 정우회의 승리를 이끌고, 이를 통해 번벌 정치를 타파해야 한다는 정도의 입장에 머물렀습니다. 뛰어난 정치적 수완을 가진 하라는 오히려 보통선거운동의 열기를 역이용했습니다. 그는 야마가타 계열의 의원들에게, 이 개정안을 받아들이지 않으면 앞으로 선거권 확대를 요구하는 목소리가 더욱 커질 것이고, 그렇게 되면 더욱 곤란하게 될 것이라고 하면서 선거법개정안의 통과를 종용했습니다. 그리고 하라는 새롭게 통과된 선거법하에서 1920년 선거를 치르게 되었고, 결과는 정우회의 압승으로 끝났습니다. 전체 의석의 거의 60%를 차지했으니 말입니다. 이로써 하라 내각의 권력 기반은 더욱 확고해졌습니다.

7. 하라와 야마가타

한편, 하라는 야마가타와의 대립을 교묘히 피해갔습니다. 번벌 정치를 반대했지만, 야마가타 세력을 철저하게 압박하지는 않았던 것입니다. 그 대표적인 사례가 보통선거에 대한 대응이었습니다. 앞에서 언급했듯이, 하라는 보통선거 도입은 시기상조라고 생각했습니다. 그러므로 보통선거를 철저히 반대하는 야마가타와 타협할 여지가 있었습니다. 야당이었던 헌정회와 국민당은 이미 보통선거 실시를 당의 방침으로 내세운 상태였습니다. 이에 대해 하라는 정우회 정권이라면 보통선거로의 움직임을 막을 수 있다고 야마가타를 설득했습니다. 그리고 정당정치에 대한 이해를 구했습니다.

이처럼 하라는 정당정치를 지향하면서도, 야마가타와의 결정적인 대립을 피하면서 어느 정도 배려와 타협을 제시했습니다. 그는 그런 식으로 서서히 정당정치를 뿌리내리게 할 수 있다고 믿었습니다. 1920년 총선에서 승리한 하라는 「문관임용령」을 개정하는 데 성공했습니다. 「문관임용령」이란 것은, 문관 관리의 임용에 관한 법규로서, 주임관奏任官으로 불리는 고급 관리는 원칙적으로 고등문관시험에 합격한 사람에 한해 임명되도록 규정하고 있었습니다. 그런데 그보다 더 상위의 관리, 즉 천황으로부터 임명받는 형식의 칙임 관勅任官, 중앙의 차관 및 국장, 지방의 지사에 해당함은 자유임용제였습니다. 그 때문에 정당에서는 칙임관 자리를 얻으려고 치열하게 경쟁했습니다. 그러자 제2차 야마가타 내각1898~1900에서는 「문관임용령」을 개정해서 칙임관의 자유 임용을 제한했습니다. 그러다가 호헌운동의 열기 속에서 제1차 야마모토 곤베 내각1913~1914 때, 「문관임용령」이 또다시 개정되어 칙임관 임용 조건이 완화되었습니다. 하라는 이것을 더욱 완화시켜 각 부처의 차관, 경시총감,[14] 내무성 경보국장[15] 등을 자유롭게 임용했습니다. 그렇게 하라는 번벌 세력이 장악하고 있던 관료 기구의 중요 보직에 정당 사람들을 배치할 수 있게 했습니다. 그 결과 야마가타벌은 큰 타격을 받았습니다. 하라는 야마가타, 야마가타벌과 타협을 하면서도, 그들의 아성을 점점 무너뜨리는 식의, 절묘한 균형 감각을 보여주었습니다. 이를 통해 정당정치의 실현과 번벌 세력의 타파라는 본래의 목표에 점점 가까이 다가갔습니다. 사실 그의 정치적 수완은 근대 일본정치사를 통틀어 대단히 뛰어난 것이었는데, 이것은 정치가 하라 다카시가 가진 개성이기도

---

14   수도 도쿄의 경찰력을 지휘하는 직책. 한국의 서울경찰청장에 해당한다.
15   경찰 조직의 총수. 한국의 경찰청장에 해당한다.

했습니다.[16] 하라의 정치적 수완이 워낙 뛰어났기 때문에 정당정치를 적대시했던 야마가타조차 그의 정치 행보를 높이 평가하게 되었습니다.

1921년 야마가타는 소위 '궁중모중대사건'으로 커다란 곤경에 빠지게 되었습니다. 사건의 전말은 이러합니다. 1919년 황태자 히로히토 친왕후날의 쇼와천황과 구니노미야 나가코久邇宮良子의 약혼이 발표되었습니다. 하지만 이후 구니노미야가에 색맹 유전자가 있다는 것이 판명되었습니다. 이에 야마가타는 은밀히 구니노미야가 측에 약혼 철회를 압박했습니다.[17] 그러나 구니노미야가는 약혼 철회를 거부했고, 사건은 파벌 경쟁까지 겹쳐 중대한 정치 문제로 발전합니다. 그 결과 야마가타는 황실의 약혼에 간섭하는 무례한 사람으로 간주되어, 엄청난 비난을 한 몸에 받게 되었습니다. 이때 하라는 야마가타와 협의해서 황태자의 유럽 순방을 밀어 붙이는 한편,

---

16　근대 일본의 수상은 오늘날의 수상보다 권한이 훨씬 더 약했다. 그리고 원로, 귀족원, 육군, 해군, 추밀원, 천황 등이 건재했기에, 각 세력의 이해관계를 조정하는 것이 어려웠고, 고려해야 할 정치적인 변수도 매우 복잡했다. 그러므로 하라 다카시가 각 세력의 이해관계를 조율하면서, 자신의 정치적 목표를 흔들림 없이 추진했다는 것은 그만큼 그의 정치적 수완이 탁월했다는 것을 의미한다.

17　당시에는 색맹을 장애로 간주했기 때문에, 황실의 혈통에 장애 유전자가 있으면 안 된다는 생각 때문이었다.

근신 상태에 있는 야마가타에게 자신의 측근을 보내 지원 의사를 표명했습니다. 야마가타는 자신의 사설 비서인 마쓰모토 고키치松本剛吉에게 "이번 의회를 볼 때 하라는 정말 대단한 사람이다. 하라는 보통 사람이 아니다. (…중략…) 인격이든, 일처리든 정말 대단한 사람이다"『마쓰모토 고키치 정치일지(松本剛吉政治日誌)』 1921년 3월 27일라고 말하며 하라를 높이 평가하기에 이릅니다. 하지만 그러면서도 9일 후인 4월 5일에는 역시 마쓰모토에게 하라의 정치적 스탠스에 대해 불만을 토로합니다. "하라는 대단한 사람이다. 다만, 납득할 수 없는 것은 국가 본위와 정당 본위를 제대로 이해하지 못한다는 점이다. 국가가 있어야 정당이 필요한 법인데, 국가가 중요한가? 정당이 중요한가?"『마쓰모토 고키치 정치일지』 1921년 4월 5일

〈사진 4〉 히로히토 친왕과 나가코 왕비
야마가타의 방해에도 불구하고 두 사람의 결혼은 이루어졌다.
사진 : 위키피디아

야마가타는 하라의 인물됨을 높게 평가하긴 했습니다. 그래도 역시 정당을 향한 불신감을 씻어버릴 수는 없었습니다. 그래도 하라의 주도면밀한 전략에 의해, 사실상 정당정치를 받아들이게 되었다고 볼 수 있습니다. 조금 시대를 거슬러 올라가, 데라우치 내각 시절이던 1916년 11월 11일에 하라와 야마가타는 정당에 대해 대화를 나누었습니다.

야마가타　　그대의 논지와 일치하지 않는 것은 아니오. 다만 한 가지, 의견을 달리하는 것이 있소. 그것은 의원의 다수를 얻어야 한다는 것이오

하라　　쓸데없이 다수의 당원을 이끌고 공명을 탐하는 등의 야심 같은 것은 추호도 없습니다. 다만, 이토 공[18]의 취지에 따라 정당을 개량改良하는 것이 필요하다고 봅니다. 그러려고 하면, 다수가 필요합니다. (…중략…) 실은 250명도 안 되면, 정당의 개량을 시작부터 강행 처리해야 합니다. 겨우 과반수가 넘는 정도인 경우, 50명이나 10명을 잃으면 바로 과반수의 지위를 잃는 숫자

로는, 충분한 개량을 할 수 없습니다. 정당의 개량은 정당 자신의 힘으로 하는 것 외에 길은 없습니다. 따라서 개량을 위해서는 다수가 필요합니다.

야마가타　　그것도 일리는 있소. 그래도 본인은 3개의 당이 정립하고 있는 것이 적당하다고 생각하오.

—『하라 다카시 일기』

　이 대화를 보면, 하라와 야마가타, 즉 당시의 정치를 대표하는 두 명의 개성이 정당정치를 어떻게 평가했는지가 잘 드러납니다. 두 사람은 정당정치의 '방법론'을 두고는 반목했지만, 정치 목적에 대해서는 별다른 견해차가 보이지 않습니다. 물론, 이 대화에 나오는 하라의 태도는 번벌 정치의 총본산인 야마가타를 회유하기 위한 술책이었을 수도 있긴 합니다. 하지만 사실이야 어쨌든, 하라 다카시를 '평민 재상'으로 환영하던 일본 국민과 언론들은 하라가 권좌에 앉더니 변절했다고 여기게 되었습니다. 그래서 야마가타와 타협했다며 실망감을 표시하기도 했습니다. 그럼에도 하라는 어디까지나 본격적인 정당정치의 정착을 위해 노력했고, 이를 위한 여러 가지 방책을 고민했습니다.

8. 정당정치의 어두운 측면

하라는 번벌, 상대편 정당을 쓰러뜨리기 위해 여러 가지 전략을 구사했는데, 그중 빼놓을 수 없는 중요한 전략이 있었습니다. 그것은 한마디로, 이익유도를 통한 정치의 확대였습니다. 달리 표현하면, 지방 이익의 배양정책을 정교하게 시행했다고 할 수 있습니다. 즉, 지방이 원하는 방식으로 철도, 도로, 하천, 항만과 같은 사회간접자본을 확대시켜주는 정책입니다. 하라 다카시는 이를 '적극정책'으로 불렀습니다.

정권을 잡은 지 얼마 안 되어, 하라는 내각의 기본정책을 4대 정강이라고 칭했습니다. 4대 정강은 ①중고등 교육의 진흥, ②산업진흥, ③교통·통신 기관의 정비, ④국방의 충실 이상 4개 정책이었습니다. 하라는 철도, 도로 등의 인프라 정비를 적극적으로 추진해서 지방의 이익을 실현시켰고, 그럼으로써 당의 지지율 상승과 세력 확장을 꾀했습니다. 1920년의 총선에서 정우회는 화끈하게 승리했는데, 적극정책을 통한 이익 유도가 지방의 표심을 잡은 결과라고 할 수 있습니다.

당시의 철도 정책은 하라의 이익유도형 정치의 특징을 잘 보여줍니다. 메이지 시기 이래, 일본에서는 철도 레일을 노선의 폭을 좁은 협궤로 할 것인가 혹은 폭이 넓은 광궤표준궤로 할 것인지를 두고 논의를 거듭했습니다. 그러다가 현실을 고려해서, 국제 표준보다 좁은 협궤가 채택되었습니다. 그 후 만철[19]의 총재를 역임하고 제2차 가쓰라 타로 내각에서 1908년에 신설된 철도원의 초대 총재를 지낸 고토 신페이後藤新平, 1857~1929가 등장합니다. 그는 국유 철도를 모두 표준궤로 개량한다는 계획을 세웠습니다. 표준궤는 철도 수송의 안정화, 수송의 대량화에 유리하고, 조선의 철도와 만철을 통해 군사 물자를 원활하게 운반할 수 있다는 이유에서였습니다.

고토 신페이는 외지外地[20]와 내지內地의 수송을 하나로 통합하기 위해서라도 일본 국내의 철도를 표준궤로 바꿀 필요가 있다고 주장했습니다. 그러나 정우회의 하라는 철도를 표준궤로 고치는 것보다 지방이 철도선 연장의 혜택을 받는 것을 더 우선적으로 생각했습니다. 그래서 저비용으로 건설 가능한 협궤를 강하게 고집하며 고토와 충돌했습니다. 결국 최종적으로 표준궤로의 수정은 연기되었습니다. 미래의 안정적인 수송로 확보보다는 일단 철도선을 더욱 확장하는 것이 지방에 이익이 되고, 그럼으로써 정권의 지지＝표심을 확보할 수 있다는 것이었습니다. 이익유도형 정치의 전형적인 예

---

19 남만주철도주식회사의 준말.
20 일본 본토인 내지를 제외한 외부 영토. 통상 식민지를 가리킨다.

라고 할 수 있습니다.

　이러한 풍조를 야유하는 의미로, '아전인수'를 빗대어 '아전인철'이라는 말이 유행했습니다.[21] 하라 다카시의 출신지인 이와테岩手현을 달리는 오후나토선大船渡線은 이치노세키一関시市에서 게센누마気仙沼시, 리쿠젠타카타陸前高田시를 거쳐 오후나토大船渡시로 연결되는 노선입니다. 정우회와 헌정회는 서로 지방의 표심을 얻기 위해, 철도가 자기네 의원의 지역구를 통과하도록 손을 썼습니다. 그래서 빙빙 돌아가는 이상한 노선이 되었습니다. 아전인철의 전형적인 예입니다.

　하라의 적극정책은 정우회의 당세 확장과 정권 기반의 확충으로 이어지긴 했습니다. 하지만 한편으로는 이익유도형 정치로 인한 부패, 정책의 실종, 당리당략에 따른 정쟁을 초래했습니다. 이로 인해 정치적 토양이 매우 나빠졌습니다. 이 시기에 도쿄시의혹사건,[22] 아편 밀무역을 둘러싼 사건, 만철의 회계 부정사건 등 정우회 당원과 관련된 부패 사건이 잇달아 벌어졌습니다. 당세 확장을 통해 당원이 급속히 증가했고, 그래서 통제가 어려웠던 사정도 있었겠지요. 암튼 많은 당원이 정치에 참여하면서 이권과 마주하는 기회가 늘어

21　이기적으로 자기 땅에 물을 끌어오는 것처럼, 철도를 끌어온다는 뜻.

22　도쿄시 의원의 다수가 도로, 하수도, 가스 공사 등과 관련해 뇌물을 받은 사건.

났고, 이것이 정치 부패를 불러온 측면도 있습니다.

그 결과 하라 내각은 정권 말기인 1921년경에 이르러서는 부패 이미지로 뚜렷이 각인되었고 이로 인해, 사회 각계각층과 언론으로부터 "다수당의 횡포"라는 비난을 듣게 되었습니다. 의회민주주의에서는 "숫자가 힘이다"라는 말이 있습니다. 그러나 하라는 숫자를 믿고 당세 확장을 꾀했고 그렇기 때문에 개인적으로는 청렴결백한 정치가였음에도 불구하고, 이권에 관련된 당원들을 통제할 수 없게 되었던 것입니다. 하라가 뛰어난 리더십을 발휘했던 것은 사실입니다. 그러나 비대해진 조직을 통제하기 위해서는 무언가 필요한 법입니다. 하지만 이 점에 관해 하라는 그다지 신경을 쓰지 않았습니다. 정당정치를 실현하기 위해서는 안정된 다수 의석이 필요했고, 이를 위해 이익유도형 정치를 통해 당세를 확장해 나갔던 것입니다. 이와 같은 방법은 번벌과 상대 정당을 쓰러뜨릴 때는 일정한 성과를 거두었습니다. 하지만 정당정치 자체에는 마이너스의 영향을 끼쳤습니다. 아이러니하게도 본격적인 정당정치가 시작되는 하라 내각 때부터 정당정치의 어두운 면이 표면에 나타나기 시작합니다. 이것은 일본의 정치 풍토를 생각할 때 주목할 만한 점입니다.

번벌 타파라는 거대한 목표를 달성하기 위해 결과적으로,

당리당략을 드러낼 수밖에 없었던 것이 정당의 한계 혹은 숙명이었던 것일까요? 번벌의 횡포를 부정하고, 국민 본위의 정치를 지향했던 정당이 이제는 국민으로부터 '정당의 횡포'라는 비난을 듣게 되는 역설적인 상황이 나타난 것입니다. 최초의 본격적인 정당 내각으로서 탄생한 하라 내각은 정당 정치의 가능성과 한계를 동시에 제시한 내각이 아니었나 생각합니다.

보통선거운동과 하라 다카시 내각

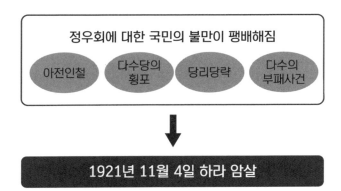

보통선거운동

하라 다카시는 번벌 타파를 지향했지만,
정당 내각의 생존을 위해
야마가타벌과 손을 잡음

정우회에 대한 국민의 불만이 팽배해짐

아전인철   다수당의 횡포   당리당략   다수의 부패사건

1921년 11월 4일 하라 암살

9. 두 인물의 죽음

1921년 11월 4일, 도쿄역 개찰구에서 하라가 암살되었습니다(흉기에 찔렸음). 범행을 저지른 이는 오쓰카大塚역에서 역무원으로 일하는 청년이었는데, 범행 동기는 정치 부패 그리고 하라가 보통선거를 반대하는 것에 분노했던 것이라고 합니다. 이것은 현직 수상이 암살된 전대미문의 사건이었습니다. 하라는 정권을 쥐고 나서 늘 신변의 위험을 예상하고 있었는지, 만일의 사태를 각오해서 미리 유서를 준비해두고 있었습니다. 거기에는 사후에 부여될 수 있는 작위를 거절한다든지, 사망의 통지·알림의 순서 및 장례 방식도 쓰여 있었습니다. 하라는 번벌이라는 거대한 벽에 맞서 정당정치의 실현에 몸을 내던졌고, 그에 맞는 강한 결의와 각오도 했던 것 같습니다.

하라가 암살당했다는 비보는 곧 오다와라小田原의 별장 고키안古稀庵에 있는 야마가타의 귀에도 들어갔습니다. 야마가타는 "근왕가勤王家로서 황실 중심이었다는 것을 알고 있었는데, 너무나도 안타깝다"라고 비서 마쓰모토 고키치에게 말하고 눈물을 흘렸다고 합니다. 그리고 하라 암살 후 3개월도 안 된 이듬해 1922년 2월 1일, 야마가타는 고키안에서 숨을 거듭니다. 병상에서 야마가타는 옆에 있는 군의관에게 "하라라는 남자는 실로 대단한 남자였다. 그런 인물이 어이없게 암살당하다니, 일본으로서 안타까운 일이다"라고 말했습니다『마쓰모토 고키치 정치일지』 1922년 1월 8일. 야마가타와 하라는 정치 체제에 관해서는 라이벌이었습니다. 하지만 개인적으로는 서로를 이해하고 있었던 것 같습니다. 야마가타의 반응이 이를 잘 보여줍니다.

하라가 죽자 비대해질 대로 비대해진 정우회는 당을 유지하기 어렵게 되었고, 한동안 분열과 약체화의 길을 걷습니다. 한편, 야마가타가 죽자 번벌 세력도 급속히 쇠퇴합니다. 결국, 두 사람이 없어지자 정당과 번벌의 대립 구도도 자연스럽게 종식됩니다. 그 결과 제1장에서 다루었던 것처럼 보통선거와 2대 정당제의 시대가 열린 것입니다.

정당이 내각을 조직하고 정치의 주체가 된다는 정당정치의 기본이념은 그 후에도 이어집니다. 그러나 동시에 정당정치의 부정적인 유산도 이어집니다. 그것이 바로 앞에서 설명했던, 이익유도형 정치 시스템, 부패 사건, 진흙탕 싸움 등의 정쟁입니다. 이와 같은 부정적인 유산도 2대 정당 시대까지 이어져 내려왔던 것입니다. 어떤 의미에서는 오늘날까지 영향을 미치고 있는 것 같기도 합니다.

그러나 부정적인 유산을 남기긴 했지만, 하라 다카시가 번벌 정치의 탈피라는 사명을 위해 평생을 바쳐 노력했다는 것은 의심할 바 없는 사실입니다. 왜 하라는 그렇게까지 번벌을 쓰러뜨려야 했을까요? 그리고 왜 정당정치라는 새로운 정치체제를 만들어야만 했을까요?

그 이유를 알기 위해서는 정당과 번벌 간에 깊은 연결성이 만들어졌던 시대로 거슬러 올라가야 합니다. 그래서 제3장에서는 '게이엔桂園 시대'라고 불리는 시대에 주목하고자 합니다.

제3장

정당과 번벌의
협력

1905년

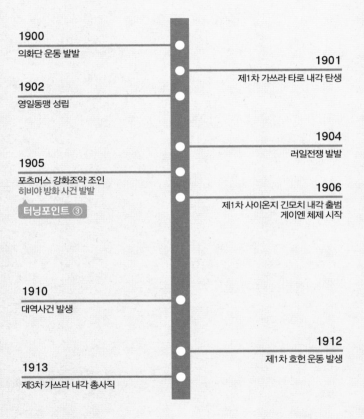

1900
의화단 운동 발발

1901
제1차 가쓰라 타로 내각 탄생

1902
영일동맹 성립

1904
러일전쟁 발발

1905
포츠머스 강화조약 조인
히비야 방화 사건 발발

터닝포인트 ③

1906
제1차 사이온지 긴모치 내각 출범
게이엔 체제 시작

1910
대역사건 발생

1912
제1차 호헌 운동 발생

1913
제3차 가쓰라 내각 총사직

1. 번벌과 정당의 타협이 낳은 게이엔 시대

제2장에서는 원로 야마가타 아리토모로 대표되는 번벌 정치, 그리고 이에 대해 용의주도한 계획과 전략에 기초해 번벌 세력을 잠식해 들어가며 본격적인 정당정치를 확립했던 하라 다카시의 궤적을 소개했습니다. 난부번모리오카번 출신의 하라 다카시에게 있어서 사쓰마·조슈 출신이 사실상 국정을 농단하는 번벌 정치는 반드시 무너뜨려야할 대상이었습니다. 하지만 그렇다고 성급하게 일을 추진하지는 않았습니다. 오히려 하라 다카시는 번벌 정치의 거두 야마가타와 타협하면서 자신의 정당 정우회의 세력을 키워갔습니다. 그래서 나중에는 야마가타조차도 정우회의 세력을 억누를 수 없게 만드는 것이 하라의 전략이었습니다.

그렇다면, 하라 다카시라는 거물 정치가가 번벌을 타도할 때까지 번벌과 정당은 도대체 어떤 관계였을까요? 제3장에서는 메이지 말기부터 다이쇼의 초기에 걸친 게이엔 시대 혹은 게이엔 체제로 불리는 시대에 초점을 맞추어, 아직 성장 중에 있었던 정당 그리고 번벌의 관계를 살펴보겠습니다.

제3장의 터닝포인트로서 들 수 있는 것은 1905년, 즉 러일전쟁 시기에 벌어졌던 '히비야 방화 사건'입니다. 러일전쟁

은 1904년에 시작되었습니다. 그리고 이듬해인 1905년 펑톈
회전奉天會戰과 동해해전에서 일본군이 러시아군을 격파함으
로써, 강화 협상은 일본에 유리하게 진행되었습니다. 강화를
위한 회의는 1905년 8월과 9월에 걸쳐 중개국인 미국의 포
츠머스에서 열렸습니다. 러시아와 일본, 양쪽은 한 치의 양

〈사진 1〉 미카사 함교의 정경
미카사함에서 해전을 지휘하는 도고 헤이하치로(중앙). 그는 동해해전에서 러시아의 발틱함
대를 격파했고, 그로 인해 근대 일본의 영웅이 되었다. 전쟁 화가 도조 쇼타로의 작품이다.
사진 : 위키피디아

보도 없이 격렬하게 대립했습니다. 그러나 결국에는 러시아가 일본에 사할린 남부, 관동주關東州의 조차권,[1] 남만주철도 및 그 부속 권익을 양도하기로 했습니다.[2] 여기에 러시아는 일본에 배상금을 지불하지 않는다는 조건으로 강화가 이루어졌습니다. 당시 일본에서는 사할린 전체 그리고 거액의 배상금을 기대하고 있었습니다. 그러므로 위의 강화 조건은 원래는 받아들이기 어려운 것이었습니다. 하지만 일본은 러일전쟁의 어마어마한 전쟁 비용 때문에 지쳐있었고, 병력과 병참의 소모도 극심했기 때문에 더 이상 전쟁을 계속 할 수 없었습니다. 이러한 사정이 있었기에 만족스럽지는 않지만 강화조약을 맺었던 것입니다.

그러나 강화조약과 그 조건이 발표되자, 일본 사회는 일종의 허탈감에 빠져들었습니다. 그리고 사람들은 풀리지 않는 분노, 무력감으로 가슴을 쳤습니다. 포츠머스 강화조약이 체결된 9월 5일, 강화에 분노한 민중들이 도쿄 히비야日比谷공원에 모였는데, 그 수가 수만 명에 달했습니다. 군중들은 대

---

1   조차는 남의 나라 영토를 일정 기간 빌리는 것으로서, 주권까지 넘겨받아서 빌린다. 통상 강대국이 남의 나라를 침략하는 과정에서, 강요로 이루어지는 경우가 많다.

2   관동주의 조차권, 남만주철도 및 그 부속 권익은 만주사변 발발 이전까지 일본의 만주 이권(권익)을 이루었다.

회를 열고, 강화조약 파기와 전쟁 계속을 결의했습니다. 그리고 분이 풀리지 않았는지 외무성, 내무대신 관저 등 정부 관련 시설과 경찰서 그리고 강화에 찬성을 표명했던 국민신문사를 습격했습니다. 결의 대회가 폭동이 되어버린 것입니다. 게다가 폭동은 요코하마, 고베神戸 등에도 퍼져나가, "굴욕적 강화"에 반대하는 민중운동으로 발전했습니다.

이것을 시작으로 민중의 불만은 정치를 좌지우지하는 번벌 정부를 향했습니다. 이에 야마가타를 비롯한 번벌 세력은 위기감을 느꼈습니다. 사실 정당을 아예 무시하지 않는 이상, 타협을 할 수밖에 없었습니다. 그 결과 번벌과 정당은 협력관계를 구축하게 되었습니다. 그 후 1906년부터 1913년까지의 7년간, 번벌 세력과 정당은 교대로 정권을 잡았습니다.

이와 같은 정치체제는 반목하던 2개의 세력이 서로의 이익을 지키기 위해 선택한 결과물이었습니다. 그리고 그동안 정부는 한 번도 중의원을 해산하지 않았고, 정치체제도 비교적 안정된 상태를 유지했습니다. 메이지 헌법하에서 가장 정치가 안정된 시기였다고도 할 수 있습니다. 번벌과 정당이 서로를 인정하고, 교대로 정권을 잡았기에 결과적으로 정치적 안정이 찾아왔다고 볼 수 있습니다. 제2차 세계대전 이후에도 이와 비슷한 상황이 있었습니다. 보통 일본의 전후 정치

〈사진 2〉 강화조약에 반대하기 위해 모인 사람들
당시 승리에 열광했던 일본인들은 러시아로부터 광대한 영토와 막대한 배상금을 받기를 기대했었다. 그래서 정부의 협상안이 발표되자 허탈감과 함께 극심한 분노를 느꼈다.
사진 : 위키피디아

체제는 55년 체제라고 불립니다. 보통 일본 사람들은 이것을 보수정당과 혁신정당이 서로 대립하는 정치체제라는 이미지로 받아들입니다. 하지만 실제로는 조금 다릅니다. 그것은 관료 집단과 유일한 거대 보수정당인 자민당의 협력으로 구축된 정치체제라고 할 수 있습니다. 어쨌든, 위의 2개 정치체제는 2개의 세력이 서로 협력해서 정치적 안정을 이룩했다는 점에서 매우 유사합니다. 그리고 그러한 정치체제의 탄생을 통해 우리는 일본 특유의 정치적 토양을 엿볼 수 있습니다.

2. 러일 관계를 둘러싼 주도권 다툼

그럼 히비야 방화 사건 전후의 정치 상황을 이해하기 위해, 러일전쟁 이전의 정치 상황은 어땠는지 알아봅시다.

20세기를 앞두고, 일본은 만주중국동북부와 한반도를 둘러싸고 러시아와 대립했습니다. 청일전쟁 이후, 이들 지역을 둘러싼 일본과 러시아의 대립은 깊어만 갔습니다. 1900년 6월, 청나라에서 의화단 운동이 일어났습니다. 강력한 외세 배척을 내건 의화단 운동에 대해 미국, 유럽, 일본은 공동으로 출병해 의화단 운동의 진압에 나섰습니다. 그리고 1901년 9월, 열강은 의화단 운동의 진압에 성공했습니다. 하지만 사태가 끝났음에도 러시아는 만주에 병력을 주둔시키며 사실상 그곳을 점령하고 있었습니다. 물론, 철수할 기미도 보이지 않았습니다. 그러자 일본은 이를 안보상 중대한 위협으로 간주했습니다. 그런 와중에 1901년 6월 2일, 육군대장 가쓰라 타로가 수상에 취임했습니다. 가쓰라는 조슈의 야마가타 아리토모 직계이며 후계자로 평가받는 인물로서, 이토 히로부미, 야마가타 아리토모 등의 메이지유신 공로자를 이은 '제2세대' 정치가라고 할 수 있습니다.[3] 가쓰라의 수상 취임을 계기로 이후 정계에서는 세대교체가 일어납니다만, 당시만 해도 가쓰라 수상의 존재감은 미약했습니다. 가쓰라 내각의 각료 중 상당수는 야마가타 계통의 관료였고, 가쓰라 내각은 '2류 내각', '소 야마가타 내각'이라고 불리는 형국이었습니다.

당시 정계에서는 한반도와 중국에서의 권익 문제로, 러시아와의 군사적 충돌이 불가피하다는 인식을 갖고 있었습니다. 자, 그럼 어떻게 할 것인가? 이를 두고 영국과의 군사동맹영일동맹을 체결해서 러시아를 견제해야 한다는 영일동맹파가 있었고, 이에 대해 러시아와 평화적인 협력 관계를 맺고, 동아시아에서 각자의 세력 범위를 정하자는 러일협상파가 있었습니다. 전자의 대표자는 가쓰라 수상, 외무대신 고무라 주타로小村寿太郎, 1855~1911였고, 후자의 대표자는 제1세대인 원로 이토 히로부미 그리고 이토 히로부미와 같은 조슈 출신인 원로 이노우에 가오루井上馨, 1836~1915[4]였습니다. 이토 히로부미와 이노우에는 설사 러시아와 전쟁을 하더라도 조금이라도 전쟁을 미루고자 했습니다. 그래서 일본이 만주에서의 우월권을 러시아에 양보하고, 대신 한반도=대한제국에서의

---

3   제1세대는 이토 히로부미, 야마가타 아리토모와 같이 옛 도쿠가와 막부를 무너뜨리고 메이지 정부를 세운 인물들이다. 즉, 제1세대는 국가를 건설하고, 근대화를 추진했던 인물들이었던 셈이다.

4   메이지유신의 공로자이며 이토 히로부미의 친구이다.

우월권을 러시아로부터 인정받아야 한다는 이른바 '만한교환론'을 주장했습니다. 결국, 1902년에 영일동맹이 정식으로 체결되어, 영일동맹파가 승리했습니다. 그리고 1903년 12월 30일, 일본 정부는 "청국은 중립 유지, 한국은 실력으로 지배하에 둔다"라고 하면서 러일전쟁의 방침을 결정합니다. 이에 신중파였던 이토 히로부미 등도 가쓰라, 고무라 등 주전파의 의견에 동의할 수밖에 없었습니다. 그 결과 1904년 2월 8일, 육군의 선봉부대가 인천에 상륙하고 해군이 뤼순旅順에서 기습 공격을 감행함으로써 러일전쟁이 시작되었습니다.

3. 가쓰라 내각과 정당의 대립

러일전쟁 발발에 앞서, 가쓰라 수상은 군비 증강을 서둘렀습니다. 1902년에는 군사비 조달을 목적으로 지조증징계속안地租增徵繼續案을 의회에 제출했습니다. 이것은 토지에 부과되는 '지조' 즉, 세금을 무기한 올린다는 내용이었습니다. 한편, 정우회는 증세에 불만을 가진 농촌 지주층을 주요 지지기반으로 하고 있었기에 증세를 강하게 반대했습니다.[5]

당시 번벌 정부는 귀족원을 완전히 지배하고 있었습니다.[6]

귀족원은 화족·황족 외에 관료 출신의 칙선의원으로 구성되어 있었습니다. 화족과 황족은 메이지유신의 공로자들이었던 원로의 뜻에 반대하지 않았고, 그래서 정부 정책에 늘 찬성이었습니다. 또 칙선의원의 상당수는 야마가타 계통의 의원이었습니다. 그러나 법안을 통과시키기 위해서는 중의원에서 통과가 되어야 했습니다. 그래서 중의원에서 다수를 차지하는 정우회와의 협력이 반드시 필요했습니다. 그래서 중의원 해산 카드를 내밀며 정우회의 양보를 끌어내려고 했습니다. 의회 다수파가 해산을 꺼리는 것은 지금이나 옛날이나 똑같습니다. 하루아침에 선거를 다시 해야 하기 때문입니다. 더욱이 이때는 선거가 끝난 지 얼마 안 된 시점이었습니다. 같은 해에 이미 선거를 했었기 때문입니다. 이제까지 번벌 정부는 정부에 반대하는 정당에 대해 마치 징벌을 가하듯 중의원 해산 카드를 써왔습니다. 정당에게 정부의 해산 위협은 공갈협박과도 같았던 셈입니다.

---

5   1928년 이전까지 일본은 일정한 재산을 가진 사람만이 선거권과 피선거권을 가지고 있었다. 그러므로 지주층은 유권자의 상당수를 이루었다. 재산을 기준으로 선거권과 피선거권에 제한을 두는 것은 영국, 프랑스와 같은 서유럽도 마찬가지였는데, 이들 국가도 서서히 선거권과 피선거권을 확대했고, 나중에는 재산 자격을 철폐했다.

6   중의원과 귀족원의 지위는 대등했으며, 기본적으로 법률안과 예산안은 양쪽에서 다 통과되어야 성립했다.

그러나 정우회는 정부의 증세안을 끝까지 반대했고, 이에 정부는 의회를 해산시켰습니다. 그리고 이듬해인 1903년 중의원 선거가 실시되었습니다. 그런데 어차피 번벌 세력은 중의원에서 자신을 대변해줄 정당을 갖고 있지 않았습니다. 그러므로 반대 세력인 정당은 또다시 총선에서 승리했습니다. 결국, 중의원에서 정우회가 제1당을 차지하는 것에는 변함이 없었습니다. 정우회는 증세에 반대하는 다른 정당과 손잡고 의회에서 여전히 과반수를 쥐고 흔들었던 것입니다. 그리고 다음 수순은 뻔했습니다. 정부의 법안은 귀족원에서는 통과되었지만, 중의원에서는 부결되었습니다. 더욱이 정부로부터 '해산'이라는 징벌을 받은 이상, 정당은 번벌 정부를 상대로 더 강하게 대결 구도를 펼쳤습니다.

물론, 가쓰라 수상도 사태를 타개하기 위해 정당에 접근했습니다. 가쓰라의 입장에서 이때 가장 큰 걸림돌은 정우회의 총재 이토 히로부미였습니다. 말할 것도 없이 이토는 메이지 유신의 공로자이며, 야마가타와 똑같이 번벌의 우두머리였습니다. 하지만 메이지 헌법 제정을 주도한 이토 히로부미는 헌법에 기초해서 입헌정치를 실현시키기 위해서는, 장래에 정당이 필요하다는 것을 파악하고 있었습니다. 한편, 자유민권운동의 계보를 이어온 민당民黨[7]에는 오랫동안 반체제, 반

국가 색채가 짙게 배어있었습니다. 정치가로서 이토 히로부미는 메이지 국가, 대일본제국의 안정·유지 및 발전을 지상명령으로 생각하고 있었습니다. 그리고 정당을 일본의 정치에 뿌리내리게 해서 국정 경험을 쌓게 하고, 이를 통해 정당정치=입헌정치를 구축해야 한다고 생각했습니다. 그래서 본인이 솔선수범해서 정당을 만들고 이끌었던 것입니다. 또 원로로서 이토는 국가 전체에 대한 것을 우선시했습니다. 그래서 지조증징계속안이 통과되지 않아 정치적으로 궁지에 몰린 가쓰라 내각을 구하기 위해 1903년 5월, 정우회가 타협안을 받아들이도록 강하게 밀어붙였습니다. 그래서 법안이 통과되도록 했습니다.

하지만 가쓰라에게 이토는 거북한 존재였을 것입니다. 특히 번벌과 대립하는 정당의 총재이면서도, 메이지 천황의 신임이 두터운 원로 이토를 어떻게 대해야 할지를 무척 고심했을 것입니다. 결국, 가쓰라와 야마가타는 이토 히로부미를 배제하기로 했습니다. 야마가타는 정한론 논쟁[8] 이후, 야

---

7   정부에서 만든 조직이 아닌, 민간에서 만든 정치결사라는 의미가 포함되어 있다. 자유민권운동과 함께 만들어졌다.
8   조선 정벌을 둘러싼 논쟁으로 메이지 정부 초기에 벌어졌다. 논쟁 결과, 조선 정벌을 강하게 주장했던 소위 정한파가 정부에서 물러나게 되었다.

마가타는 늘 본인보다 나이가 어린 이토 히로부미의 뒤를 따랐고, 이토의 도움을 얻어 정계에서 중요 인물로 부상했습니다. 야마가타도 헌법 제정과 초대 내각총리대신首相이라는 빛나는 이력을 가진 이토를 함부로 무시할 수 없었습니다. 두 사람은 조슈 출신의 하급 무사로서 메이지유신에 참여했고, 국가 형성에 깊이 관여한 맹우였습니다. 그리고 라이벌, 정적으로서 대립하는 사이이기도 했습니다.

야마가타와 가쓰라는 1903년 6월부터 7월에 걸쳐 이토가 정우회 총재를 그만두도록 공작을 감행했습니다. 야마가타는 이토가 원로이면서 정당의 총재인 것은 통치 시스템의 안정성을 생각할 때 바람직하지 않으므로, 정당 총재에서 사임하도록 해야 한다고 메이지 천황에게 직소直訴했습니다. 이어서 7월 1일, 가쓰라는 천황에게 사표를 제출합니다. 그리고 사표 철회의 조건으로 이토가 정우회 총재에서 사임하도록, 이토를 추밀원 의장에 임명해달라고 요구했습니다. 이토를 원로의 역할에 전념토록 해서, 결과적으로 정당 총재를 그만둘 수밖에 없도록 한다는 계획이었습니다. 사실 메이지 천황도 원래 정당을 좋게 생각하고 있지 않았습니다. 그래서 7월 13일, 이토를 추밀원 의장에 임명합니다. 그 후 이토는 정우회 총재에서 사임하고, 이토의 정치적 후계자이자 전직 추밀원 의장 사이온지 긴모치가 정우회의 총재가 됩니다.

이토 히로부미를 정당에서 떼어놓은 가쓰라와 야마가타는 내심 정우회가 해체되는 것을 기대하기도 했습니다. 하지만 정우회는 조금 흔들리긴 했지만, 최고 간부인 사이온지, 이미 두각을 나타내고 있던 하라 다카시 등의 노력으로 위기를 극복했습니다.

그 결과, 정우회의 지도자는 이토에서 사이온지로 바뀌었습니다. 그리고 번벌 측도 사실상 야마가타가 정치 일선에서 물러나서, 가쓰라 수상이 실권을 쥐게 되었습니다.

4. 러일전쟁 중에 맺은 밀약

러일전쟁의 전황은 앞에서도 언급했듯이, 일본이 우세하긴 했습니다. 하지만 러시아의 군세는 좀처럼 무너지지 않았습니다. 러시아는 시베리아 철도를 통해 추가 병력을 차례차례 만주로 투입하는 등 건재함을 과시했습니다.

일본은 영국과 함께 일본을 응원하던 미국에 평화조약의 알선을 요청합니다. 러시아 황제 니콜라이 2세도 국내의 사회주의혁명으로 국가체제가 위협받고 있는 상황이었기에,

독일 황제 빌헬름 2세의 권고를 받아들이는 형태로 협상에 응했습니다. 러일전쟁에서 일본은 승리하긴 했습니다. 하지만 전쟁으로 인한 사망자는 무려 8만 5,000명에 달했고, 막대한 전쟁 비용으로 국가 경제는 큰 타격을 입었습니다. 전쟁으로 의회에서 정당과 번벌이 대립하는 일은 당분간 사라졌고, 양자는 거국일치로 전쟁을 수행했습니다. 가쓰라 내각은 전쟁 비용 조달을 위해 소득세 외에 주세酒稅, 설탕소비세 등의 간접세를 증액하는 '비상특별세'를 도입하려고 했습니다. 이번에는 정우회도 반대하지 않았기에 법안은 무사히 통과되었습니다. 다만, 증세로 인해 민생의 압박이 심해졌을 뿐입니다.

이와 같이 온갖 고통을 견디고 러일전쟁에서 승리하자, 국민들은 강화조건에 큰 기대를 걸었습니다. 하지만 포츠머스 강화조약의 조건을 본 다수의 국민은 크게 실망했습니다. 그리고 이것은 정부에 대한 강한 비판으로 이어졌고, 비판은 나중에 히비야 방화 사건으로 연결됩니다. 가쓰라 내각은 계엄령을 선포하고 수도인 도쿄의 치안을 군대에 맡기는 등 비상사태에 돌입했습니다. 결국 히비야 방화 사건은 사망자 17명, 부상자 2,000명, 구속 2,000명을 내고 수습되었습니다. 하지만 그렇다고 정부=번벌 정치에 대한 민중의 분노가 사라지는 것은 아니었습니다. 그래서 중의원 제1당인 정우회의 동향이 중요했습니다.

그러나 정우회는 반정부 성향의 강화조약 반대 운동에 가담하지 않았습니다. 사이온지를 포함한 정우회의 수뇌부는 번벌에 대항하려는 의지와 함께, 번벌을 대체하는 통치 시스템의 주체가 되는 것 즉, 정권 획득을 생각했던 것 같습니다. 또 그러기 위해서는 민중운동을 어느 정도 통제하면서, 러일전쟁 후의 국정운영을 주도해야 한다고 생각했던 것 같습니다.

포츠머스 강화조약 이전인 1905년 4월, 정우회의 당무를 맡고 있던 하라 다카시와 가쓰라 수상 간에 밀약이 맺어졌습니다. 가쓰라 수상이 러일전쟁 종결 후에 대해 질문하자, 하라 다카시는 다음과 같이 대답했습니다. "어떤 조건으로 전쟁이 끝나든, 국민의 다수는 만족하지 않을 것이고, 그때 정부와 정우회가 연립을 하든, 혹은 어떤 식으로든 관계를 맺지 않는다면, 정우회는 국민의 목소리에 동조하는 수밖에 없습니다."『하라 다카시 일기』 1905년 4월 16일 하라 다카시는 강화조건이 어떻든 민중의 불만은 높을 것이고, 그에 따라 정치적 혼란이 올 것을 예측하고 있습니다. 그리고 가령 정우회가 연립내각의 형태든, 다른 형태로든 정권에 참여하지 않는 상태라면, 민중의 편에서 정부를 공격할 수밖에 없다고 가쓰라의 아픈 곳을 찌르고 있습니다. 가쓰라도 하라의 말에 동의했습니다. "제 일신을 희생할 각오가 되어 있습니다. 제가 물러나는 것은 전후의 경영 계획을 제시한 다음이었으면 합니다. 그때는 사이온지를 추천하도록 하겠습니다. 이미 결심이 섰습니다."『하라 다카시 일기』 1905년 4월 16일

가쓰라는 강화가 성립하면 퇴진하겠다고 했고, 후계 수상으로 정우회의 총재 사이온지를 추천하겠다고 하라에게 약속하고 있습니다. 가쓰라의 제안에 동의한 하라는 이 이야기는 "저와 가쓰라 두 사람만 아는 것으로 합시다"『하라 다카시 일기』 1905년 4월 16일라고 했습니다. 그리고는 자신의 일기에 그 사실을 기록했습니다.

한편, 가쓰라의 입장에서 이 밀약을 봅시다. 가쓰라는 다음 정권을 정우회에 넘길 테니, 강화조약의 체결 그리고 전후 체제에 협력해달라고 정우회 측에 협조를 구한 것입니다. 그리고 하라는 가쓰라의 제안을 승낙했습니다. 이와 같은 밀약이 있었기에 정우회는 히비야 방화 사건을 계기로 들불처럼 퍼진 반정부 운동에 가담하지 않았습니다. 단지 사태를 냉정하게 주시할 뿐이었습니다.

암튼, 가쓰라와 하라가 맺은 밀약의 핵심 내용은 가쓰라

가 다음 정권을 정우회에 넘기고, 그 대가로 정우회는 강화조약을 체결하려는 정부에 협력한다는 것입니다. 이 밀약은 뤼순항의 러시아 함대가 괴멸되어, 일본의 승리가 예상되었던 1904년 12월 8일에 이미 맺어졌다는 견해도 있습니다.『하라다카시 일기』1905년 4월 16일 밀약이 언제 맺어졌든, 중요한 것은 러일전쟁 중에 이미 번벌과 정당정우회이 서로 손을 잡는다는 전후 체제가 합의되었다는 점입니다. 정우회 내에서 이 밀약을 알고 있었던 사람은 정우회의 총재 사이온지 긴모치와 하라와 함께 정우회의 실력자였던 마쓰다 마사히사松田正久 정도였습니다. 한편, 가쓰라 내각의 각료 중 이 밀약을 알고 있던 사람은 소네 아라스케曾禰荒助, 1849~1910 대장대신과 야마모토 곤베 해군대뿐이었습니다. 또 원로 중에는 이토 히로부미와 이노우에 가오루뿐이었습니다. 야마가타에게는 알리지 않았던 것입니다. 그리고 야마가타와 가까운 관계에 있었던 기요우라 게이고 농상무대신과 데라우치 마사타케 육군대신에게도 알리지 않았습니다. 두 사람에게 알리면 당연히 야마가타에게 전해질 수 있었기 때문입니다. 사실 가쓰라가 정우회＝사이온지에게 정권을 양보했다는 것 자체가 이미 정당 혐오증의 야마가타를 배제한 결정이었습니다. 만약 야마가타가 사전에 그 사실을 알았다면, 무슨 일이 있어도 밀약이 깨지도록 했을 것입니다. 하지만 결국에는 야마가타도 이토 히로부미의 입을 통해 밀약의 존재를 알게 됩니다. 격노한 야마가타는 가쓰라에게 불신감을 표명합니다. 그러자 가쓰라는 이것은 정우회에게 정권을 양보한 것이 아니라, 어디까지나 후작 사이온지 긴모치에게 정권을 양보한 것이라고 강변하며 야마가타를 설득했습니다. 가쓰라는 자타가 공인하는 야마가타의 후계자였습니다. 하지만 이 시기에는 이미 둘 사이에 좁힐 수 없는 간격이 생겼다고 할 수 있습니다. 이토 히로부미와 야마가타 아리토모로 대표되는 메이지유신의 공로자 즉, 원로의 영향력은 여전히 강력했습니다. 그럼에도 원로의 영향력은 조금씩 줄어들기 시작했습니다. 이제는 지도층의 세대교체가 진행되고 있었던 것입니다.

5. 게이엔 시대의 안정과 그 한계

1905년 12월 21일, 히비야 방화 사건 이후의 혼란을 수습한 뒤, 가쓰라 내각은 총사직합니다. 가쓰라는 밀약대로 정우회 총재 사이온지 긴모치를 다음 수상으로 추천했습니다. 그렇게 제1차 사이온지 내각이 출범합니다. 그렇게 정당과 번벌은 강력한 제휴 관계를 형성했고, 사이온지와 가쓰라가 교대로 정권을 담당하는 시대가 열렸습니다. 자, 그럼 이 시대의 내각을 살펴봅시다. 참고로, 이 시대에는 제1차 가쓰라 내각, 제3차 가쓰라 내각을 제외하고는 원로의 수상 지명추천이 이루어지지 않았고, 가쓰라와 사이온지가 서로 상대를 후계 수상으로 지명했습니다. 이 시대의 내각은 다음과 같습니다.

제1차 가쓰라 내각(1901년 6월 2일~1905년 12월 21일)

제1차 사이온지 내각(1906년 1월 7일~1908년 7월 4일)

제2차 가쓰라 내각(1908년 7월 14일~1911년 8월 25일)

제2차 사이온지 내각(1911년 8월 30일~1912년 12월 5일)

제3차 가쓰라 내각(1912년 12월 21일~1913년 2월 11일)

이 시대를 두 명의 이름을 따서 게이엔桂園 체제 혹은 시대라고 부릅니다.[9] 앞에서 언급했듯이 이 시대는 헌정사상 정치적으로 가장 안정된 시기였습니다. 관점에 따라서는 정당과 번벌이 서로 협조하면서, 정권을 주거니 받거니 했던 시기라고도 할 수 있습니다. 그야말로 짜고 치는 고스톱이었던

---

9   가쓰라·사이온지의 약자를 따서 '게이엔'이라고 한다.

셈입니다. 정우회와 번벌이 맺은 정권 교체의 '밀약'은 당시 '정의투합情意投合'이라고 불리었습니다. 어느 쪽이 정권을 잡아도 의회에서는 서로 협력하고 정책에서도 타협점을 찾으며 협조 관계를 유지한다는, 일종의 암묵적인 양해가 있었던 것입니다.

물론, 원래 번벌과 정당 간에는 정책적으로 명백한 차이가 있습니다. 가령 군비 정책을 생각하면, 번벌 측은 군비 증강을 우선시했습니다. 특히 러일전쟁의 승리로 세계의 1등국이 되었다는 자각과 함께, 미국·영국과 비견되는 강대한 군사력을 구축해야 한다는 목소리가 군부와 관료층을 중심으로 높아지고 있었습니다. 그러나 이미 러일전쟁의 사례에서 보듯, 군비 증강을 위해서는 증세가 필연적입니다. 그 때문에 지지율을 신경 쓰는 정우회는 기본적으로 군비 증강을 반대했습니다. 이미 국민의 세금 부담이 너무나도 무거웠기 때문입니다.

러일전쟁 당시, 가쓰라 내각은 전쟁 비용 조달을 위해 '비상특별세'라고 불리는 임시 증세를 두 번이나 단행했습니다. 구체적으로는, 지조地租·영업세·소득세·주조세酒造稅·각종 소비세를 올리고, 추가로 새로운 세금석유소비세및모직물소비세 등을 매기는 한편, 여기에 담배와 소금의 전매를 추진한다는 것이었습니다. 법안이 성립되었던 당시까지만 해도 비상특별세는 강화조약이 체결되는 그 이듬해에 폐지될 예정이었습니다. 그러나 정부는 약속을 어기고 이를 항구적으로 유지하고자 했습니다.

그러자 국민의 반발이 높아갔고, 비상특별세 반대 운동도 일어났습니다만, 가쓰라 내각에서도, 사이온지 내각에서도 비상특별세는 그대로 유지되었습니다. 번벌 측에서는 군비확장 노선을 위한 재원으로서 비상특별세를 남겨두려고 했습니다. 한편, 정우회에서는 철도 건설, 항만 정비 등 공공사업을 위해 비상특별세를 남겨두려고 했습니다. 주요 지지층인 지방 지주층의 지지를 확고히 하기 위해 건설과 토목 공사를 일으키려는 것이었지요. 이것을 정우회는 '적극정책' 혹은 '적극재정'으로 불렀습니다. 이러한 경향은 제2차 세계대전 이후의 일본에도 이어집니다. 옛날이나 지금이나 표를 위해 토목과 건설을 일으키는 것은 일본 정치의 중요한 요소라고 할 수 있습니다.[10] 이러한 상황에서 번벌 측은 정당 즉, 정우회가 요구하는 적극정책에 난색을 드러냈습니다. 그리고 정우회도 번벌이 요구하는 군비확장 노선에 반대했습니

---

10   이것은 현대 한국 정치의 중요한 요소이기도 하다.

다. 하지만 두 세력은 서로의 이익을 위해 타협했고, 그래서 서로의 요구를 조금씩 들어주었습니다. 그렇게 서로가 서로를 의지하는 정치체제가 되어버린 것입니다. 그러므로 번벌과 정우회는 비상특별세 폐지를 거부했던 것입니다. 군비확장 노선을 유지하면서 공공사업을 중심으로 한 적극정책을 추진하기 위해서 말이지요.

이와 같은 정치체제는 제2차 세계대전 후, 오랫동안 유지되었던 55년 체제와 매우 유사합니다. 즉, 55년 체제에서 일본의 자민당과 관료는 서로 밀어주고 끌어주며 서로의 이익을 실현해 나갔습니다. 참고로 2009년 이후 민주당은 정치권과 관료의 결탁을 청산하고, 국민 본위의 새로운 정치를 실현한다고 하면서 정권을 잡았습니다. 하지만 관료에게 아무것도 시키지 않는다는 식의 반관료적인 자세도 있어서, 정치가 제대로 이루어지지 않았고, 그에 따라 국민도 실망하게 되었습니다. 그리고 그 결과 다시 자민당이 집권하게 되었습니다.

어쨌든 게이엔 시대는 번벌과 정당의 상호의존을 통해 일종의 정치적 안정을 이룩했습니다. 그래서 '정의투합' 시스템은 단기적으로 안정을 원했던 번벌의 뜻에 맞았고, 장기적으로는 당의 정치적 기반을 강화하고자 했던 정우회의 이익에도 부합했던 것입니다.

6. 제1차 호헌 운동과 다이쇼 정변

그러나 게이엔 시대의 정치 시스템은 민의를 불투명하게 반영하는 시스템이었습니다. 그래서 오래 유지되지 못하고 끝이 납니다. 1912년 7월 30일, 메이지라는 시대를 상징했던 메이지 천황이 사망함으로써 다이쇼大正 시대가 시작됩니다. 당시 러일전쟁으로 인한 막대한 재정 부담 그리고 그 후의 군사비 예산·적극재정 예산 때문에 사이온지 내각은 파탄 직전의 재정 위기를 맞이하게 되었습니다. 또 한편으로는 새로운 시대에 맞는, 새로운 정치체제를 요구하는 목소리도 높아지고 있습니다.

이러한 상황에서 사이온지 내각은 2개 사단 증설을 요구하는 육군과 대립하면서 정치적으로 궁지에 몰리게 되었습니다. 사이온지 내각이 재정난을 이유로 2개 사단 증설을 거부하자, 육군대신 우에하라 유사쿠上原勇作, 1856~1933가 사임했습니다. 그 후 육군 측은 후임 육군대신의 지명을 거부했습니다.[11] 국정 운영이 어려워진 사이온지 내각은 결국 총

---

11 현대의 민주국가에서는 대통령 혹은 수상이 국방부 장관을 임명한다. 그러나 제2차 세계대전 이전의 일본의 경우, 국방부 장관에 해당하는 육군대신(육군부 장관)과 해군대신(해군부 장관)을 육군 측과 해군 측이 각각 지명해서 내각에 보냈다. 그러므로 육군이 육군대신 지명을 거부하면 육군대신 자

사직하게 됩니다. 그리고 사이온지 내각을 대신해서 가쓰라가 3번째로 정권을 잡습니다. 그러자 육군과 번벌의 횡포 때문에 정당 내각이 무너졌다고 국민이 강하게 반발했습니다. 국민들은 '벌족타파', '헌정옹호'의 구호를 내걸고 반정부 운동에 나섰습니다. 이것이 제1차 호헌 운동헌정옹호운동입니다.

앞에서도 언급했듯이 가쓰라와 야마가타의 입장은 조금은 달랐지만, 국민들은 이 두 사람을 똑같은 번벌 세력으로 간주했습니다. 그래서 사이온지가 물러나고 가쓰라가 정권을 잡은 것을 강하게 비난했습니다. 가쓰라 자신은 육군의 군비 증강을 연기하려고 하는 등 육군과 야마가타벌과는 다르게, 정책적으로 유연하게 대응했습니다. 그러자 이번에는 번벌 즉, 야마가타벌의 지지도 온전히 받을 수 없게 되었습니다. 더욱이 가쓰라는 자신의 지지 기반 강화를 위해 신당을 창당해서, 새로운 형태의 게이엔 체제를 구축하려고 했습니다. 그 결과 가쓰라는 야마가타와 정우회 양쪽으로부터 배척받았고, 가쓰라 내각은 자멸 상태로 빠져들게 됩니다.

그리고 1913년 2월, 가쓰라 내각 타도를 주장하는 군중이

리는 온전히 공석이 된다. 장관 자리가 빈다는 것은 온전한 내각을 구성할 수 없음을 의미했다. 그리고 이것은 원활한 국정운영을 할 수 없고 그 때문에 내각(정권)이 더이상 존속하기 어렵다는 것을 뜻했다.

국회의사당을 포위하기에 이릅니다. 이들은 경찰관과 충돌했고, 도쿄시는 혼란에 빠졌습니다. 가쓰라는 정권 유지가 불가능하다는 것을 깨닫고, 내각 출범 53일 만에 사퇴합니다. 육군의 2개 사단 증설 요구로 시작된 이 일련의 소동을 다이쇼 정변이라고 부릅니다. 가쓰라의 뒤를 이어 해군 출신의 야마모토 곤베가 수상으로 지명되었는데, 이것으로 7년간 계속되던 게이엔 체제가 끝이 납니다.

게이엔 시대는 왜 무너졌을까요? 여러 가지 요인이 있겠지만, 가장 결정적인 계기는 재정난이었습니다. 번벌은 육군과 해군의 군비 확장을 요구했는데, 재정난으로 인해 군비 확장은 어렵게 되었습니다. 또 농촌의 지주층 즉, 지방 명망가의 이익을 매개로 지지율을 유지하고 있던 정우회도 재정난으로 인해 공공사업을 적극적으로 추진하기 어려워졌습니다. 돈이 떨어지면 인연도 끊어진다는 말처럼, 돈이 없으니까 자신들의 정책을 추진할 수 없었던 셈입니다. 한편, 민중들은 번벌과 정당의 이와 같은 행태를 두고 보지 않았습니다. 그들이 보기에는 번벌도, 정당도 국민을 위해서가 아닌, 자기들의 이익을 위해 정치를 행하는 것에 불과했습니다. 그 후 재정난을 통해 무언가 잘못되었다는 것을 느꼈고, 이런 상황 속에서 민중의 불만이 고조되고 있었습니다. 그래도 민중들은 메이지 시대가 끝나고 다이쇼 시대를 맞아 새로운 정치를 기대했습니다. 그러다가 번벌 정치의 상징이라고 할 수 있는 가쓰라 타로가 내대신內大臣이라는 천황의 측근 자리에서 바로 수상의 자리에 앉는 것을 보고, 그동안의 불만이 가쓰라 개인을 향해 응축되어 폭발했던 것입니다. 다이쇼 정변은 정치 행태에 대한 민중의 불만, 폐쇄적인 정치체제에 대한 불만이 한꺼번에 터져 나온, 정치적 사건이라고 할 수 있습니다.

〈사진 3〉 순양전함 공고
당시에는 세계적으로 해군력 경쟁이 활발하게 이루어지고 있었다. 그래서 강대국들은 공고와 같은 2만~3만 톤급의 순양전함 혹은 전함을 경쟁적으로 건조했다. 그 때문에 일본은 국가 예산의 상당 부분을 함대 건설에 써야 했다.
사진 : 위키피디아

7. 게이엔 체제의 영향

게이엔 체제는 정치적 안정을 대가로, 번벌과 정당의 유착 관계가 일상적으로 이루어지는 체제였습니다. 중의원에서 다수를 차지하던 정우회는 번벌과의 제휴를 통해 세력 기반을 굳히며, 늘 제1당으로 군림했습니다. 그 결과, 정우회는 비대해졌고, 다른 정당은 제대로 성장하지 못하는 폐해가 생겨났습니다. 번벌은 정우회를 잘 길들이면 된다는 입장이었습니다. 정우회의 지지가 있으면, 추진하는 정책이 의회에서 쉽게 통과되었습니다. 당연히 의회라는 정치 공간은 형식화되어갔습니다. 현대 일본이 55년 체제하에서 자민당과 관료가 유착했던 것을 보는 것 같습니다.

제2장에서 살펴보았듯이, 이러한 상황을 타파하고, 본격적인 정당 내각을 이룩한 사람이 바로 정우회의 최고 실력자 하라 다카시입니다. 그런데 이미 보았듯이, 하라는 게이엔 체제를 만든 장본인이기도 합니다.

정당정치를 지향하는 하라의 입장에서 보면, 번벌과 타협해서라도 정당이 정권에 참여해서 정치적 책임을 지는 자리에 서고, 그럼으로써 국정 운영의 능력과 실적을 높이는 것이 꼭 필요했습니다. 실제로 정우회는 게이엔 체제를 통해 정권 기반을 공고히 했습니다. 물론 그 과정에서 민의를 정치에 반영한다는 정당정치의 기능면에서는 문제가 생겼지요.

훗날 권력을 잡게 되는 하라 다카시는 번벌의 영향력을 잠식하면서 정당정치를 실현하기 위해 노력합니다. 그러나 그 과정에서 정당정치는 번벌과 서로 밀어주고 끌어주는 관계를 맺으며 이익유도형 정치를 강화하는 등 나쁜 모습도 보이게 됩니다.

왜 근대 일본의 정당은, 그리고 정당정치는 그러한 병폐를 갖게 되었을까요? 정당은 왜 자립하지 못하고, 번벌에 협조할 수밖에 없었을까요? 제4장에서는 더욱 시대를 거슬러 올라가 정당과 번벌과의 관계를 원점에서 보도록 하겠습니다.

제4장

이념 없는
정당의 혼란

1898년

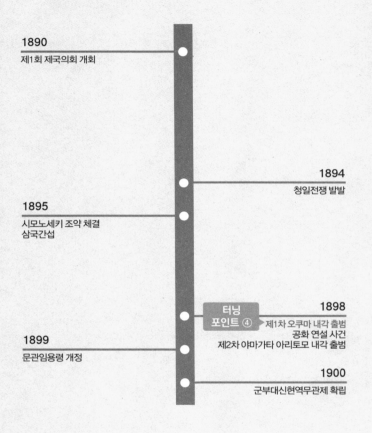

1890
제1회 제국의회 개회

1894
청일전쟁 발발

1895
시모노세키 조약 체결
삼국간섭

터닝
포인트 ④

1898
제1차 오쿠마 내각 출범
공화 연설 사건
제2차 야마가타 아리토모 내각 출범

1899
문관임용령 개정

1900
군부대신현역무관제 확립

1. 정당 내각의 탄생

　제1장부터 제3장까지는 번벌과 대립과 타협을 반복하면서 본격적인 정당 내각이 탄생했던 것, 정당이 민중의 지지를 잃었던 것, 정당 간의 싸움이 초래한 군부의 등장 등 정당 정치가 점점 종말을 향하는 과정을 서술했습니다. 특히 제3장에서는 정치적으로 안정되었던 '게이엔 체제'가 실제로는 정당과 번벌의 유착이라는 것 그리고 서로 정권을 주거니 받거니 했다는 것을 클로즈업했습니다.

　왜 국민의 지지를 기반으로 유지되어야 하는 정당이 제대로 자립할 수 없었을까요? 꼭 번벌과 유착하면서 정치를 해야만 했을까요? 정당의 기반이 약해서였을까요? 그렇다면 약했던 이유는 무엇이었을까요? 정당정치가 가진 문제점을 도드라지게 나타내기 위해 제4장에서는 일본 최초의 정당 내각이 탄생했던 제국의회 초기의 시대로 거슬러 올라가겠습니다.

　제4장에서는 터닝 포인트를 1898년의 제1차 오쿠마 시게노부 내각의 탄생으로 잡았습니다. 왜 그것이 커다란 터닝 포인트인지 설명하겠습니다. 첫째, 말할 것도 없이, 그것이 일본 최초의 정당 내각이었기 때문입니다. 그전까지는 정부

와 내각은 메이지유신을 추진했던 사쓰마, 조슈 출신의 공신들, 즉 메이지유신의 원훈元勳들이 좌우했습니다. 그들끼리 순서를 정해 수상 자리를 차지했던 것입니다. 이타가키 다이스케板垣退助, 1837~1919,[1] 오쿠마 시게노부처럼 정변으로 인해 쫓겨난 경우, 사이고 쓰구미치처럼 형사이고 다카모리이 메이지 정부에 대항하다가 역신이 된 탓에 수상 자리를 계속 사양했던 경우를 제외하고는 메이지유신의 공로자들은 대부분 수상 자리를 차지했습니다. 이토 히로부미의 친구였던 이노우에 가오루 정도의 예외적인 사람 몇 명이 있었지만 말입니다. 이처럼 번벌이 내각을 독점하고 있는 상황에서 정당 내각이 탄생했다는 점에서 오쿠마 시게노부 내각은 커다란 의미를 갖습니다.

그러나 이 내각은 정권을 잡기 위해 서로 대립하고 있던 2개 정당이 겨우 2주 정도 만에 급하게 합친, 그런 정권이었습니다. 정치적인 이념, 구체적인 정책이 일치해서가 아니라 졸속으로 합친 세력이었던 것입니다. 그래서 내부 대립이 끊이지 않았고, 그 결과 오쿠마 내각은 얼마 뒤, 산산이 깨어졌

---

1   일본의 자유민권운동의 지도자. 본래는 메이지 정부를 구성하는 권력층에 있었으나 이토 히로부미, 야마가타 아리토모 등과의 권력투쟁에서 밀려난 후 자유민권운동을 추진했다. 입헌정치, 정당정치를 주장했다.

습니다. 일본 최초의 정당 내각이라는 시도가 완전히 실패한 셈입니다.

오쿠마 내각이 단명으로 끝나자, 정당의 이미지는 매우 나빠졌습니다. 정당은 원래 하나의 통일된 이념으로 뭉쳐야 하는데 현실에서는 당리당략 혹은 자신의 이익만을 생각한다는 이미지가 정착되었던 것입니다. 반면, 메이지유신의 공로자인 원훈들은 사쓰마와 조슈 출신의 일부 인사들이 정치를 좌우했다는 점에서 국정 농단이라는 비난을 받기도 했습니다만, 그럼에도 국가 이익이라는 점에서는 견해가 일치하고, 그래서 국가 이익을 구체화하는 '숭고한' 목적으로 강력하게 단결되어 있다는 이미지가 생겨났습니다. 그러한 대중의 이미지는 번벌과 정당 간의 관계에 커다란 영향을 끼칩니다.

2. 국회의 개설과 정당의 탄생

그렇다면, 제1차 오쿠마 내각의 탄생 과정을 살펴봅시다. 제1차 오쿠마 내각 탄생에 중심적인 역할을 한 사람은 이토 히로부미, 오쿠마 시게노부, 이타가키 다이스케 이렇게 3명입니다. 이토는 말할 것도 없이 조슈 출신의 거물 정치가이면서 번벌 정치의 중심인물이었습니다. 메이지 정부의 출범 당시에는 유신삼걸維新三傑[2] 중 한 명인 기도 다카요시의 밑에서 일했습니다. 그러다가 기도 다카요시木戸孝允, 1833~1877, 사이고 다카모리西郷隆盛, 1828~1877, 오쿠보 도시미치大久保利

〈사진 1〉도쿄 우에노 공원에 있는 사이고 다카모리 동상
도쿠가와 막부의 타도·메이지 정부의 수립 등 극적인 활약을 펼치다가 비극적인 죽음을 맞은 사이고 다카모리의 인기는 오늘날에도 매우 높다. 사진 : 역자 촬영

通, 1833~1877 이렇게 3명이 차례로 역사의 무대에서 사라지는 과정에서 점점 존재감을 나타냈습니다. 그리고 나중에는 대일본제국헌법의 기초를 작성하는 등 헌법 제정을 주도하고, 초대 내각총리대신에 취임하는 등 화려한 정치 이력을 쌓게 됩니다.

한편, 오쿠마 시게노부는 히젠肥前·사가佐賀현의 상급 무사 출신이었습니다. 그리고 도쿠가와 막부 말기에는 존왕파[3]의 지사로 활약했습니다. 메이지유신 후에는 사쓰마 출신의 고마쓰 다테와키小松帶刀의 추천으로 외교와 재정 관련 일을 맡았고, 거기서 두각을 나타냈습니다. 그 후 1870년에 참의參議[4]가 되었고 1873년에는 대장경大藏卿[5]이 되는 등 빠르게 출세 가도를 달렸습니다. 이토 히로부미보다 3살 위인 오쿠마는 이때 직위도 이토보다 더 높았습니다. 그 후 오쿠마는 관유물

2　메이지유신 최고의 공로자로서, 메이지 정부 수립에 결정적인 역할을 했던 3명을 가리킨다. 기도 다카요시, 사이고 다카모리, 오쿠보 도시미치이다. 이들 세 명은 메이지 정부 수립 후 10여 년 후에 모두 사망했다. 그 결과 이들의 후배인 이토 히로부미와 야마가타 아리토모 등이 메이지 정부를 주도하게 되었다.

3　천황 통치를 내세우며, 도쿠가와 막부에 맞서 정치적 행동에 나섰던 무사들.

4　메이지 정부의 지도층을 뜻하는 직책. 참의가 되면 국정의 최고 결정에 참여할 수 있었다.

5　경제, 금융, 재정을 책임지는 대장성의 장관.

불하 사건 등이 발단이 되었던 '메이지 14년의 정변'[6]으로 하야해서 정권의 중심에서 멀어졌습니다. 권력에서 물러난 오쿠마는 앞으로 일본에서 국회가 설치되는 것에 대비해서 입헌개진당이하, 개진당을 창당했습니다. 그리고 사쓰마, 조슈 중심의 번벌 정부를 비판했습니다.

〈사진 2〉 오쿠마 시게노부
도쿠가와 막부 타도와 메이지 정부 수립에 참여했으나 권력 투쟁에서 밀려난 뒤, 자유민권운동을 추진하며 정당 정치가가 되었다. 와세다대학을 설립한 교육자로도 유명하다. 하지만 1915년, 수상으로서 대 중국 21개조를 강요하는 등 중국 침략을 추진하기도 했다. 사진 : 위키피디아

도사土佐번의 상급 무사 출신의 이타가키 다이스케는 오쿠마보다 한 살 위였습니다. 그는 번의 요직을 역임한 후, 보신전쟁에서는 도사번의 군사들을 이끌고 각지에서 싸웠습니다. 그리고 1871년에는 메이지 정부의 참의가

---

6   오쿠마가 정치적으로 이토 히로부미, 이노우에 등 사쓰마, 조슈 인사들과 대립한 끝에 파면되어 물러난 사건. 그 결과 사쓰마, 조슈 인사들의 권력 독점이 더욱 심해졌다.

되었습니다. 그러나 정한론을 둘러싼 논쟁에서 패해, 사이고 다카모리와 함께 하야했습니다. 그 후 이타가키 다이스케는 도사번 출신의 고토 쇼지로後藤象二郞, 1838~1897 등과 함께 민선의원설립건백서를 제출하는 등 자유민권운동에 투신했습니다. 그리고 국회 개설을 겨냥해서 자유당을 창당했습니다. 이와 같이 오쿠마, 이타가키 두 사람은 이토 히로부미보다 먼저 참의가 되었던, 이른바 선배 격의 정치가였습니다.

1889년, 일본에서는 대일본제국헌법[7]을 공포했습니다. 그리고 그에 근거해서 1890년 7월 1일에 제1회 중의원 의원 선거가 실시되었습니다. 그런데 300명의 당선자 중 자유민권운동의 계보를 잇는 민당이 171석의 의석을 획득해서 과반수를 얻었습니다. 민당을 자세히 살펴보면 이타가키 등의 자유당 계열이 125석이었고, 오쿠마의 개진당이 46석을 얻었습니다. 둘 다 메이지 정부에 대항해서 자유민권운동 경험이 있는 민당이긴 했지만, 자유당과 개진당은 서로 대립하고 있었습니다. 자유당은 프랑스식의 급진적인 자유주의를 주장하며, 전국 각지의 자유민권운동 세력이 힘을 합치는 형태로 만들어진 정당이었습니다. 한편, 개진당은 점진적인 영국식

---

7   근대 일본은 제국을 표방했기 때문에, 국호를 '대일본제국'이라고 했고, 헌법의 정식 명칭도 '대일본제국헌법'이라고 했다.

의회정치를 주장하며, 급격한 변혁을 피하려는 경향이 있었습니다. 어쨌든 중의원 선거에서 이들 민당은 다수를 획득했고, 1890년 11월 25일, 마침내 제1회 제국의회[8]가 소집되었습니다. 당시 수상은 야마가타 아리토모였는데, 앞에서 설명했듯이 그는 번벌 정치의 핵심 인물로서, 정당정치를 가로막는 거대한 장벽과도 같은 존재였습니다. 이토 히로부미는 이미 수상에서 물러나 있었지만, 메이지유신의 공로자로서 여전히 중요한 인물이었고, 당시 귀족원 의장직을 맡고 있었습니다. 당시 이토, 오쿠마, 이타가키 3명은 서로 대립하는 관계였습니다.

3. 제2차 이토 내각과 자유당의 제휴

자, 그럼 여기서 이토 히로부미가 초대 총리대신으로 취임했던 1885년부터 세 번째로 총리대신에 취임했던 1898년까지의 역대 수상을 정리해보겠습니다. 그것은 다음과 같습니다.

---

8   근대 일본 의회의 정식 명칭.

제1차 이토 히로부미(1885년 12월 22일~1888년 4월 30일)

　구로다 기요타카(1888년 4월 30일~1889년 10월 25일)

　─제국의회 개설─

제1차 야마가타 아리토모(1889년 12월 24일~1891년 4월 9일)

제1차 마쓰카타 마사요시(1891년 5월 6일~1892년 7월 30일)

제2차 이토 히로부미(1892년 8월 8일~1896년 8월 31일)

제2차 마쓰카타 마사요시(1896년 9월 18일~1897년 12월 25일)

제3차 이토 히로부미(1898년 1월 12일~1898년 6월 24일)

　그 사이에 제2차 이토 내각 시대인 1894년 여름부터 1895년 봄에 걸쳐 청일전쟁이 벌어졌습니다. 한반도를 둘러싸고 갈등하다가 결국에 전쟁을 벌이게 된 것입니다. 청일전쟁에서 승리한 일본은 청나라와 시모노세키 강화조약을 체결했습니다. 조약으로 일본은 국가재정의 약 3.5배에 달하는 2억 냥의 배상금을 청나라로부터 받았습니다. 그뿐 아니라 랴오둥반도遼東半島, 평후제도澎湖諸島, 대만을 할양받습니다. 그러자 러시아를 필두로 프랑스와 독일까지 가세해 3개국이 일본에 압력을 넣습니다. 아무리 청국으로부터 할양을 받았다고는 해도, 랴오둥반도를 포기하라는 것이었습니다. 이것이 유명한 '삼국간섭'입니다. 3개국의 압력에 일본은 어쩔 수 없이 랴오둥반도를 포기했습니다.

그 후 이번에는 한반도, 만주중국동북부를 둘러싸고 일본과 러시아가 대립하게 됩니다. 당시 일본 내에서 러시아에 대한 경계심은 날로 높아갔습니다. 그 때문에 육해군 당국은 물론, 이토 수상도 군비의 확장 및 근대화가 시급하다고 생각하게 되었습니다. 한편, 삼국간섭이 진행되는 와중에 야마가타 아리토모는 육군의 보병 1개 사단 예산을 약 두 배로 증액하는 것을 골자로 하는「군비확충의견서」를 정리합니다.

이에 대해 개진당과 기타 소수 민당은 삼국간섭 때문에 랴오둥반도를 포기한 것은 이토 내각 탓이라고 격렬하게 비판했습니다. 그러나 자유당은 무쓰 무네미쓰陸奧宗光, 1844~1897를 통해 정부와의 관계를 긴밀히 하면서 이토 내각을 지지하게 되었습니다. 참고로 무쓰 무네미쓰는 이토의 후원 속에서 외무대신을 역임했고, 청일전쟁에서도 중요한 역할을 한 인물입니다. 개진당 등 대외 강경론을 주장하는 세력을 '대외 강경파'라고 부를 수 있는데, 그들은 제9회 의회에서 내각을 탄핵하는 상주안을 제안했습니다. 그러나 자유당과 이토 내각이 이를 부결시켰습니다. 그리고 이토는 중의원에서 다수를 차지하는 자유당을 여당으로 삼아 예산안을 통과시키기에 이릅니다. 그리고 정부에 협조한 대가로 자유당의 이타가키는 1896년 4월에 내무대신에 임명됩니다.

청일전쟁 이후 일본 정부는 군비 확장 예산의 조달을 두고 고심에 고심을 거듭했습니다. 이것은 정책의 핵심 쟁점이기도 했습니다. 우선 재원으로서 가장 먼저 생각할 수 있는 것이 '지조' 즉, 토지에 대한 과세 강화입니다. 지조의 증세는 정부가 무척이나 원하는 것이었습니다. 그러나 민당은 청일전쟁으로 피폐해진 민력民力을 다시 부흥시켜야 한다면서 '지조의 경감을 통한 민력휴양'을 내세웠습니다. 그리고 의회에서 세를 확장하고 있었습니다. 사실 지조의 증세는 당의 지지기반인 농촌 지주층의 이익에 반하는 것이었습니다. 그러므로 민당으로서는 더욱 받아들이기 어려웠습니다.

이토는 증세를 관철시키기 위해, 자유당뿐만 아니라 진보당개진당은 1896년 3월, 다른 정당과의 합당을 거쳐 진보당이 되었음도 끌어들이기로 했습니다. 그래서 오쿠마를 외무대신에 임명하기로 계획을 짰습니다. 그리고 메이지유신의 공로자 중 한 명으로 재정통이었던 마쓰카타를 대장대신에 임명해서 자유당, 진보당, 번벌이 힘을 합치는 거국일치 내각을 만들어 의회와 협력하려고 했습니다. 하지만 이타가키도, 마쓰카타도 여기에 찬성하지 않았고, 결국 이토의 계획은 실패로 돌아갔습니다. 이때 이미 이토는 제2차 이토 내각을 맡은 지 4년이 지나

있었습니다. 그는 내각 개조가 실패한 것을 기회로 사표를
제출했습니다.

4. 제2차 마쓰카타 내각과 진보당의 제휴

이토의 후계 수상으로는 메이지 천황이 직접 추천한 마쓰
카타 마사요시가 임명되었습니다. 마쓰카타는 수상 취임을
거부하려고 했지만, 천황이 끝까지 임명을 고집했다고 합니
다. 마쓰카타는 오쿠마를 외무대신으로 삼고, 진보당을 여당
으로 하는 체제를 정비했습니다. 자유당은 이토를 통해 정
권에 접근했는데, 진보당은 마쓰카타와 힘을 합친 것입니다.
자유당과 진보당은 차례로 정권에 참여했고, 그에 대한 대가
로 고급 관료, 지사 등의 보직을 받았습니다. 그렇게 자기 당
사람을 지방의 수장으로 임명함으로써 당의 기반을 강화했
던 것입니다.

그러나 나중에는 진보당과의 관계도 깨어졌기 때문에 마
쓰카타 내각도 오래 유지되지 못했습니다. '이토 히로부미와
자유당'이라는 연합에 대항하기 위해 마쓰카타를 중심으로
한 사쓰마벌은 진보당과 연대하긴 했습니다. 하지만 정책이

근본적으로 일치했던 것은 아니었습니다. 더욱이 마쓰카타를 중심으로 사쓰마 세력이 일체화되어 있었던 것도 아니었습니다. 그렇기에 마쓰카타 내각의 정권 기반은 매우 약했던 것입니다. 이러한 어려움을 타개하기 위해 진보당의 오쿠마는 이토 히로부미를 내각으로 끌어들이고자 했습니다. 하지만 이토는 이를 거절했습니다. 이후 진보당이 요구한 사항을 마쓰카타가 거절하자, 이를 계기로 진보당은 마쓰카타 내각과의 연합을 단절하기에 이릅니다. 궁지에 몰린 마쓰타카 내각은 이번에는 손바닥 뒤집듯이, 자유당과의 연합을 모색합니다. 메이지 천황의 지도력을 기대하며 시도했지만, 결국 실패로 끝났습니다. 그래서 1897년 12월 24일에 의회가 열리자, 다음날인 25일에 중의원을 해산하고, 동시에 사표를 제출해버렸습니다. 더 이상 정권을 유지할 수 없다는 것이었지요.

이와 같이 제2차 이토 내각 그리고 제2차 마쓰카타 내각 시대에는 번벌과 정당이 서로 제휴를 모색했습니다. 정당은 정부에 협조하는 대신, 그 대가를 요구했습니다. 특히 대신장관, 차관, 지사 등의 관직을 요구했습니다. 이에 번벌 정부는 정당의 요구가 과대하다고 생각하기도 했지만, 어쨌든 정책을 통과시키기 위해 요구를 들어주기도 했습니다. 이와 같은 관계였기에 둘의 제휴는 오래 가기기 어려웠습니다. 아니, 깨어지는 것이 당연할 정도였습니다.

5. 제3차 이토 내각—초연주의와 신당 설립 계획

마쓰카타의 수상 사임과 중의원 해산 그리고 총선거. 이렇게 복잡한 상황 속에서 다음 수상을 맡을 사람은 이토 히로부미 외에는 없었습니다. 이토는 그렇게 제3차 이토 내각을 조직하게 되었습니다. 그는 오쿠마의 진보당과 이타가키의 자유당 측에 각료 자리를 제시하며 정부에 협조할 것을 요구했습니다. 그러나 오쿠마도, 이타가키도 이토의 상황을 알았는지 많은 보직을 요구했습니다. 이에 이토는 정당과의 제휴를 단념하고 정당에 좌우되지 않는다는 '초연주의'를 표방하며 내각을 조직했습니다. 그래서 내무대신에 야마가타 계통의 요시카와 아키마사芳川顯正를, 대장대신에 원훈메이지유신의공로자 이노우에 가오루를, 해군대신에 역시 원훈 사이고 쓰구미치를, 육군대신에 야마가타 계통이며 조슈의 제2세대 군인 가쓰라 타로를 임명했습니다. 그렇게 이토 히로부미는 내각을 조직하고 1898년 3월 15일에 중의원 총선거를 맞이했습니다. 총선 결과 자유당이 98석을 얻어서 제1당이 되었고, 진보당이 91석을 얻어서 제2당이 되었습니다. 자, 이제 의회에서는 양당이 대치하게 되었습니다.

당시 일본 외교의 최대 문제는 동아시아에서의 군사적 위기 상황을 어떻게 극복할 것인가, 였습니다. 청일전쟁의 패전 이후 중국은 열강에 의해 분할되었습니다. 가령 독일은 자오저우만膠州灣을 조차했고, 러시아는 뤼순·다롄大連을 조차했습니다.

일본 내에서는 이러한 중국의 상황을 군사적 위기와 연결시켰고, 그래서 군비 확장 및 군의 근대화가 추진되었습니다. 그런데 여기서 군사비의 재원이 될 증세 문제가 커다란 쟁점으로 등장합니다. 마쓰카타 내각이 증세 문제에 손도 대지 못하고 물러났기에, 이제 이 문제는 이토 내각이 해결해야 했습니다. 이토는 지조 증세를 포함한 증세안을 5월 26일에 의회에 제출했습니다. 구체적으로는 지조, 소득세, 주조세 이 3개의 세금으로 3,160만 엔을 조달하고 여기에 철도와 전신 수입으로 360만 엔, 합계 약 3,500만 엔의 세입 증가를 요구하는 내용이었습니다. 이토 히로부미는 물러설 수 없다는 결의로 의회에 임했습니다. 그는 이번 증세안이 국가 전체의 문제이며 현 정부의 이익이 아닌, 국익을 지키기 위해 협력해 달라며 협조를 요청했습니다. 그러나 증세안은 중의원에서 찬성 27, 반대 247이라는 압도적 표차로 부결되었습니다. 6월 10일, 이토는 마지막으로 중의원이 해산된 지 반년도 지나지 않았음에도 불구하고, 또다시 중의원을 해산했습니다.[9] 그리고 이토는 자신의 정권 기반이 되어 줄 정당을 만들기로 하고, 6월 13일, 원로 야마가타에게도 출석을 요청하며 각의를 열었습니다. 그런데 야마가타는 물론, 친구인 이노우에 가오루조차 이토의 신당 창당에 반대했습니다. 이노우에는 차라리 정당에 정권을 양보하고, 국민들이 정당에 실망하는 것을 기다려서 다시 내각을 조직하라고 권했습니다. 한편, 압도적인 다수로 증세안을 부결시킨 자유당과 진보당 사이에서는 해산 직전인 6월 7일부터 급속히 합당의 기운이 무르익기 시작했습니다. 오쿠마와 이타가키는 이제까지의 대립을 해소하고, 번벌 정부의 타파라는 목적으로 의기투합해서, 6월 22일, 헌정당을 창당합니다. 중의원의 약 80%를 장악한 거대 정당이 탄생한 것입니다.

이와 같은 사태를 우려한 메이지 천황은 6월 24일, 어전회의를 소집합니다. 그래서 이토, 구로다, 야마가타, 이노우에,

---

9   의회 해산은 중의원에만 해당되었고, 귀족원은 해산되지 않았다. 그러므로 본문의 의회 해산은 모두 중의원 해산을 가리킨다.

사이고, 오야마 이와오大山巖, 1842~1916 등의 원로·원훈[10]의 의견을 청취했습니다. 그때 이토는 원로 중 아무도 정권을 맡고 있지 않으며, 본인 스스로도 정당을 조직할 수 없다면, 이 기회에 의회에서 다수를 차지하는 헌정당에 내각을 조직하게 하자고 주장했습니다. 이에 놀란 야마타가 정당 내각을 반대하면서, 원로가 모두 나서서 난국을 타개해야 한다고 주장했습니다. 하지만 사이고와 오야마는 이토의 의견에 동의했습니다. 그래도 좀처럼 결론을 내리지 못한 채, 이토가 천황에게 사표를 제출했습니다. 천황은 이토에게 자유당 단독으로 정권을 맡기면 어떠냐고 물었지만, 이토는 오쿠마, 이타가키 두 사람에게 정권을 맡기는 수밖에 없다고 대답했습니다. 이에 천황도 어쩔 수 없이 이를 허락했습니다.

---

10   원훈과 원로는 사실상 같은 의미로 쓰인다. 엄밀하게 구분하면, 법률로 규정되어 '원훈'의 대우를 받은 사람들이 '원로'로서 정치 활동을 전개했다고 볼 수 있다.

6. 제1차 오쿠마 내각의 탄생

다음날인 25일, 이토는 오쿠마와 이타가키를 수상 관저로 초대해서 두 사람에게 다음 정권을 담당하게 했습니다. 그리고 자신의 결심을 전달했습니다.

"비가 오는 중에 번거롭게도 두 백伯, 오쿠마·이타가키,[11]을 오시라고 한 것은 저의 결심을 말씀드리고 (…중략…) 두 백께서 과감하게 국가의 중책을 맡도록 말씀드리고자 하기 위함입니다."「이토·오쿠마·이타가키 회견록(伊藤大隈板垣会見録)」,『이토 미요지 관계문서(伊東巳代治関係文書)』

이를 들은 이타가키가 놀라서 말했습니다. "후侯[12]의 사표는 정말로 의외입니다. 민간당民間黨은 이미 합동하기로 했지만, (…중략…) 장래의 국무에 관해, 어떻게 계획하고 어떻게 실행해야 할지에 대해서는 아직 의견을 다투고 있습니다."「이토·오쿠마·이타가키 회견록」,『이토 미요지 관계문서』

이타가키는 헌정당이 아직 창당한 지 며칠 밖에 되지 않아서, 정책의 합의조차 이루지 못했다고 하면서, 이를 이유로 이토의 제안을 거절하려고 했습니다.

---

11   당시 두 사람은 백작의 작위를 갖고 있었다.
12   당시 이토 히로부미는 후작의 작위를 갖고 있었다.

그러나 오쿠마의 대답은 달랐습니다.

"(이토) 후께서 이렇게 과감히 결단을 내린 이상, 모쪼록 그 선후의 방책에 대해 고려해야 합니다."「이토·오쿠마·이타가키 회견록」,『이토 미요지 관계문서』

즉, 일단 이토가 정권을 양도한 이상, 이를 받아들이지 않을 도리가 없다는 것이었습니다. 결국, 두 사람은 이토의 제안을 받아들였습니다. 그래서 6월 30일, 오쿠마를 수상, 이타가키를 내무대신으로 하는 내각이 탄생했습니다. 육군대신과 해군대신은 메이지 천황의 강한 의지대로 가쓰라 타로와 사이오 쓰구미치가 그대로 유임되었습니다만, 다른 각료는 모두 헌정당원이 맡았습니다. 그런 의미에서 최초의 정당 내각이 탄생했다고 볼 수 있습니다. 정당 내각이라고 해도, 제2장에서 언급했듯이, 오쿠마와 이타가키는 이미 작위를 가진 신분으로서, 중의원 의원이 아니었습니다.[13] 그러므로 엄밀한 의미에서는 조금 이질적인 정당 내각이었습니다.

제국의회 개설 당시, 이토 내각을 포함한 번벌 정부는 "정당의 뜻에 좌우되지 않는" 초연주의를 내세웠습니다.[14] 그러

---

[13] 두 사람은 작위를 가졌으므로 귀족원 의원은 될 수 있어도, 중의원 의원은 될 수 없었다. 즉, 그들은 대중 정당의 정치가 이전에 이미 백작의 작위를 가진 특권층이었던 것이다.

나 국회가 만들어진 이후, 줄곧 중의원은 민당이 다수를 차지했습니다. 그러므로 헌법의 규정상, 정부는 의회를 무시할 수 없었습니다. 예산과 법률안이 의회를 통과해야, 국정을 운영할 수 있었기 때문입니다. 따라서 의회에서 다수를 차지하는 정당을 설득시켜야 했습니다. 그렇게 볼 때, 오직 나라를 위한다는 초연주의는 논리적으로 성립할 수 없는 탁상공론에 불과했습니다. 아마도 이토 히로부미는 당시 어차피 정당 측에 정권을 맡길 수밖에 없다고 생각했을 것입니다. 그러면서도, 합당한 지 불과 2주밖에 되지 않은 헌정당이 국정 운영의 한계를 드러낼 것이라고 생각한 것 같습니다. 이노우에가 이토에게 충고한 것처럼, 번벌 정부 측 인사들은 이번 정당 내각이 국정 운영을 제대로 못해서 국민의 지지를 잃을 것이라고 생각했던 것 같습니다.

추가로 덧붙이자면, 이토는 헌정당에 정권을 넘기면서, 정당도 현실 정치의 어려움을 느끼도록 하려고 했던 것 같습니다. 집권할 때는, 단지 자리를 얻고 만족하는 것이 아니라 국정 운영의 어려움도 감당해야 하는 법입니다. 이토는 이것을 정당 인사들이 느끼기를 원했을 것입니다.

---

14   번벌 정부는 정당을 사적인 이익 집단으로 간주하면서, 그들 자신은 국익을 우선시하는 집단이라고 생각하고 있었다.

7. 연립 정권의 혼란과 붕괴

실제로 이번 내각은 출범 직후부터 커다란 문제에 봉착했습니다. 일단 각료 자리 배분의 문제가 있었는데, 이를 두고 구 자유당계와 구 진보당계 사이에서 줄다리기가 벌어졌습니다. 특히 대신장관 자리를 둘러싼 경쟁이 치열했습니다. 그래서 외무대신이 정해지지 않아 결국에 수상인 오쿠마가 겸임하기로 했습니다. 오쿠마는 각 부처의 차관, 국장은 물론, 지방의 지사도 상당수 해임했습니다. 그리고 헌정당의 인재를 그곳에 꽂았습니다. 이러한 상황에서 정당 내에서 보직 경쟁이 치열해졌고, 대립이 격화되었습니다. 앞에서 언급했듯이, 헌정당은 급조된 정당이었기 때문에 정책을 제대로 조정하지 못한 채 탄생했습니다. 심지어 당의 강령도 자유당, 진보당의 주장이 함께 명기되었을 정도입니다. 가령 당시 구 자유당계에서는 철도망이 확대되어가는 상황 속에서 철도의 국유화를 지향했습니다. 그래서 의회에 철도국유건의안을 제출할 예정이었습니다. 그러나 오쿠마 수상은 철도 사유론자로서 국유화를 단호히 반대했습니다. 이처럼 정책 합의도 제대로 되어 있지 않은 상황이었습니다.

더욱이 오쿠마 내각은 이미 몇 번이고 제기되었던 군비

확장 예산과 관련해서, 중대한 기로에 서게 되었습니다. 육군대신과 해군대신이 유임되었던 이유도 있어서, 오쿠마 정부는 어쩔수 없이 군비 확장 계획을 수행해야 했습니다. 그러나 이를 위해서는 지조를 올려야 했는데, 이것이 당내에서 격렬한 반대에 부딪혔습니다. 그래서 오쿠마는 할 수 없이 주세와 설탕세와 같은 소비세간접세를 새로 도입하려고 했습니다. 자기들의 지지층인 지주층이 싫어하는 지조의 증세를 하지 않고, 전체 국민을 대상으로 한 소비세를 올린다는 것이었습니다. 정당의 이기주의이며, 앞에서 언급했던 자기의 이익만을 추구하는 당리당략이라고 할 수 있습니다. 이와 같은 애매한 방침에 당내의 불만은 높아져 갔습니다. 그결과, 증세 계획 그 자체도 당내에서 비판을 받기에 이르렀습니다. 유력한 당원인 다구치 우치키田口卯吉는 다음과 같이 말했습니다. "정당 내각의 단서는 쉽게 열렸다고 할 수 있지만, 가난한 사람의 행복은 더욱 줄었다. (…중략…) 소비세의 증가는 점점 더 심해졌다."세상에 가난한 사람의 친구는 없는가(世間細民の友なきか)」, 『데이켄 다구치 유키치 전집(鼎軒田口卯吉全集)』 6권, 「도쿄경제잡지(東京経済雑誌)」

증세를 둘러싼 당내 의견 대립은 나중에 구 자유당계와 구 진보당계의 주도권 다툼을 가속화시켰습니다. 특히 8월

하순에 있었던 '공화연설사건'은 양파의 대립을 더욱 심화시켰습니다. 구 진보당계이며 문부대신이었던 오자키 유키오尾崎行雄, 1858~1954[15]는 연설 중에 금전만능주의를 개탄하면서, 만약 공화정이었다면, 미쓰이·미쓰비시와 같은 재벌의 당주가 대통령 후보가 되었을 것이라고 말했습니다. 이것이 천황에 대한 불경에 해당된다며 당내에서 큰 문제가 되었던 것입니다. 그러자 구 자유당계의 이타가키는 오자키의 사임 그리고 그 후임을 구 자유당계로 할 것을 요구했습니다. 그리고는 10월 22일에 메이지 천황을 직접 알현해서 오자키의 파면을 청하기까지 했습니다.

한편, 구 진보당계에서는 문부대신을 넘기지 않으려고 했습니다. 그래서 오쿠마는 후임으로 진보당계의 이누카이 쓰요시犬養毅, 1855~1932를 임명했습니다. 이누카이는 구 진보당계의 유력자였지만, 그래도 계파를 넘어 양쪽의 화해를 위해 노력하고 있었습니다. 양쪽이 문부대신 자리를 두고 각을 세우는 상황에서 이누카이를 문부대신으로 임명했던 것은 중대한 실수였습니다. 이제 대립을 완화시키는 마지막 방파제가 무너졌던 것입니다.

15 　메이지 시대부터 1950년대까지 정계에서 활약하며, 자유주의·의회민주주의를 주창한 정치가.

결국, 10월 29일, 이타가키 자신을 포함한 구 자유당계 각료 3명이 사표를 제출했습니다. 그리고 이에 호응하듯, 구 자유당계의 거물 호시 도루星亨,1850~1901를 중심으로 한 일파가 당의 해체를 결의하고 구 자유당계를 중심으로 새로운 헌정당의 결성을 선언했습니다. 이제는 내각도, 당도 사실상 분열 상태에 빠진 것입니다.

　사태가 악화되었지만 오쿠마 본인은 수상 자리에서 물러날 생각이 없었습니다. 그러나 번벌 세력은 이타가키 등의 구 자유당계가 이탈한 정권은 본래의 취지에 맞지 않는다고 판단, 오쿠마에게 사직을 요구했습니다. 메이지 천황도 여기에 동의해서 오쿠마에게 사직을 요구했습니다. 그렇게 내각은 불과 출범 4개월 만에 무너졌습니다. 천황이 다음 내각을 누구로 할지 묻자, 원훈원로들은 야마가타를 추천했습니다. 그렇게 야마가타는 두 번째로 수상이 되어 제2차 야마가타 내각을 이끌게 되었습니다.

8. 제2차 야마가타 내각의 반격

제2차 야마가타 내각을 조직한 야마가타. 그는 더 이상 정당의 협조 없이는 정국 운용을 할 수 없다는 현실을 자각하게 되었습니다. 그래서 정당 인사를 각료로 임명하지는 않았지만, 새로운 헌정당구자유당계의 지도자 호시 도루와 제휴하는 한편, 나중에 본인이 물러날 때는 이토 히로부미를 후계 수상으로 추천하기도 했습니다. 이토 히로부미가 입헌정우회를 창당했는데도 말이지요. 그럼에도 야마타가는 국정 운용, 국가의 중요 정책이 정당에 의해 좌우되는 사태를 방지하고자 했습니다. 그래서 재임 중에 다음과 같은 포석을 깔아 두었습니다.

먼저, 정당의 자리다툼에 위기감을 느낀 야마가타는 1899년 3월에 문관임용령의 개정에 착수합니다. 이미 제2장에서도 설명했듯이, 행정기구의 고등관은 고등문관시험 합격자만 임용된다는 내용의 개정이었습니다. 이렇게 되면, 정당 내각이 탄생해도, 당원들을 대거 행정기구에 꽂아 넣을 수 없게 됩니다.

여기에 야마가타는 군부대신현역무관제軍部大臣現役武官制[16]를 도입합니다. 이 제도를 통해, 군부대신육군대신, 해군대신은 현역의 군인만 취임할 수 있게 됩니다. 그 결과 야마가타의 영향력이 미쳤던 군부는 내각과 일정한 거리를 두면서도, 강한 영향력을 행사할 수 있게 되었습니다. 만약 육군 혹은 해군이 내각의 방침이 마음에 들지 않으면 대신의 지명을 거부하면 되었습니다. 실제로 군부는 이 제도를 매개로 정권과 협상을 벌이기도 했습니다. 나중에 이 제도는 한 번 폐지되긴 하지만, 1936년의 2·26 사건[17] 후에 다시 부활했습니다. 그리고 육군과 해군은 군부대신을 지명하지 않을 수 있다고 위협하면서, 여러 개의 내각을 퇴진으로 몰아넣었습니다(내각 탄생 자체를 막기도 했음).

이렇게 보면, 결과적으로 오쿠마를 수반으로 한 정당 내각의 탄생은 야마가타 등의 번벌 세력의 위기감을 더욱 고조시

---

16 군부대신현역무관제는 육군대신과 해군대신은 현역 군인(그중에서도 대장 또는 중장)만 취임이 가능하다는 제도이다. 오늘날 군부대신은 국방부 장관에 해당하는데, 현대 민주주의 국가에서는 보통 군인이 아닌 민간인을 국방부 장관에 임명한다. 군대의 문민통제를 위함이다.

17 1936년 2월 26일에 도쿄에서 벌어진 군사 쿠데타. 국가개조를 목표로 청년 장교 일부가 군 병력을 이끌고 수상 관저 등을 습격하며 쿠데타를 일으켰다. 쿠데타는 3일 만에 진압되었지만, 이 사건을 계기로 정당과 의회 세력이 크게 위축되고, 쿠데타를 진압한 군부(특히 육군)의 정치 간섭은 더욱 심해졌다.

컸다고 말할 수 있습니다. 그리고 그 결과가 정당의 대두를 막기 위한 위의 정책들이었습니다.

앞에서 언급했듯이 최초의 정당 내각은 불과 4개월 만에 무너졌습니다. 그 결과 정당은 오랫동안 마이너스 이미지를 떨치지 못했습니다. 즉, 정당은 개별 이익의 대표자에 불과하고, 원대한 정치 이념을 결집시킬 수 없다는 인식이 강렬하게 각인된 것입니다. 그 결과, 아주 기묘하게도 국민을 대표한다는 정당은 개별 이익의 대변자로 인식되고, 거꾸로 번벌이야말로 국가 이익의 대변자가 아닌가 하는 생각이 고착화되기에 이릅니다. 이런 인식은 나중에 본격적인 정당정치가 시작되어도 쉽게 없어지지 않았습니다.

9. 정당정치의 문제점

제1차 오쿠마 내각, 즉 최초의 정당 내각 이후에도 정당은 번벌과 파워 게임을 벌이며 싸워나갔습니다. 그리고 게이엔 시대에는 번벌과 타협해서 서로 밀어주고 끌어주며 국정 운영 능력을 높여 갔습니다.

그리고 나중에 하라 다카시의 시대에 이르러서는 드디어

본격적인 정당 내각이 탄생합니다. 하지만 정당이 개별 이익 즉, 지지기반의 이익을 최우선시하는 경향은 점점 노골화됩니다. 그리고 1920년대가 되면 정우회와 민정당이라는 2대 정당이 교대로 집권하는 2대 정당 시대가 열립니다. 그런데 이 시기에 당리당략을 위한 정당의 싸움이 격화되었고, 그것이 군부의 대두를 허용하게 됩니다. 그리고 군부의 대두 이후, 정당정치는 종언을 고하게 됩니다. 최초의 정당 내각 탄생부터 정당정치의 붕괴까지, 그 일련의 과정을 살펴보면, 정당은 "자신의 이익만 생각하는 체질"을 좀처럼 바꾸지 못했습니다. 일본의 정치를 돌아볼 때, 참으로 안타까운 일이 아닐 수 없습니다. 그리고 결국 정당정치는 군부의 대두와 함께 무너졌습니다.

현재 우리들은 최대 의석을 지난 여당이 집권하는 것을 당연하게 생각합니다. 그러나 제2차 세계대전 이전을 살펴보면, 정당정치는 자연스럽게 생겨난 것이 아니라는 것을 알 수 있습니다. 오히려 선거를 통한 국민의 신임=민의의 반영이라는 기본 원칙을 지키지 않았을 때, 정당정치가 무너졌다는 것을 확인할 수 있습니다. 즉, 정당정치는 섬세하고 연약한 것으로서, 방치해두면 무너지고 맙니다. 따라서 정당정치가 성립하는 '환경'을 무너뜨리면 안 된다고 결론

지을 수 있습니다.

하지만 이것은 정당만의 문제가 아닙니다. 정당에 의석을 안겨준 국민의 문제이기도 합니다. 정당의 현실을 비관하거나 절망해서 모든 것을 방치할 수도 있겠지만, 정당이 바른 길을 가도록 요구하고 엄밀히 체크하는 것도 가능합니다.

21세기에 일본은 민주당에 의한 정권 교체를 경험했습니다. 그러나 그 후에는 민주당이 패배하고, 아베 총리가 이끄는 자민당이 다시 정권을 잡기도 했습니다. 어떤 이는 정당 2개가 교대로 집권하는 현실을 절망적인 눈으로 바라보기도 합니다. 그렇지만 우리는 제2차 세계대전 이전의 역사에서 많은 것을 배울 수 있습니다. 정당이 국정 운영 능력을 갖추어 수권 정당이 되어가는 모습, 당리당략에 물들어가는 모습, 정쟁에만 몰두하던 모습 등등. 이런 모습을 보면서 우리는 교훈을 찾아낼 수 있고, 이를 바탕으로 현재의 정치를 똑바로 응시해야 합니다. 그래서 정당 그리고 정당정치가 어떤 길을 가야 하는지를 파악해야 합니다. 이제 그 안목을 기를 때가 아닐까 생각합니다.

역자 후기

본서 『일본의 정당정치는 왜 무너졌을까』는 도쿄대학 명예교수 미쿠리야 다카시 교수가 쓴 『정당정치는 왜 자멸했는가政党政治はなぜ自滅したのか』의 한국어판이다.

이 책의 최대 문제의식은, '왜 근대 일본 정치에서 정당이 몰락하고, 군부가 대두했는가'라는 것이다. 현대의 상식으로 보면, 바람직한 정치체제는 대의민주주의이다. 즉, 선거에서 이기는 정당이 정권을 잡는 것이다. 반면 군부는 정치에 개입해서는 안 되는 것이다. 그러나 1920년대 후반 일본은 대외적으로 대공황과 세계 경제의 블록화를, 대내적으로는 수출 부진, 기업과 가계의 파산이라는 극심한 경제적·사회적 문제를 안고 있었다. 그리고 비교적 민주적인 성격을 가진 정당이 그런 난국을 타개할 힘과 역량이 없다는 것을 알게 되었을 때, 많은 일본인들은 군부에 기대를 걸었다. 19세기 후반부터 일본에서는 자유민권운동이 전개되었고, 그 결실로 제한적이나마 서구식 민주주의가 도입되기도 했다. 1918년에 성립한 하라 다카시 내각최초의 본격적인 정당 내각과 1925년의 보통선거법은 그 최대 결실이라고 할 수 있었다. 하지만 그 후 경제·사회문제가 심각해지자 정치의 대세는 정당에서 군부로, 입헌주의에서 국가주의로 변했다. 그리고 그 이후 일본이 걸어간 길은 만주침략^{만주사변}, 중국과의 전면전^{중일전쟁}, 미국과의 전쟁^{태평양전쟁}이었다. 저자인 미쿠리야 다카시 교수는 문제의 핵심을 군부의 대두 그리고 군부의 대두를 허용한 정당의 문제라고 파악했고, 그렇다면 정당의 문제가 무엇이었는지를 정리했다고 볼 수 있다.

이를 시간 순으로 풀어서 정리하면 다음과 같다.

① 메이지유신 이후 일본의 권력은 번벌이라 불리는 메이지유신의 주도 세력이 장악했다. 이에 대항해 일본 사회에서는 민주주의와 자유주의를 강조한 자유민권운동이 일어났고, 그 결실로 헌법과 의회가 탄생했다. 그리고 정당이 국정에 참여하게 되었다. 하지만 정당은 번벌과 대립하면서도 자기들끼리 싸우기 일쑤였다.

② 그럼에도 정당은 점점 세력을 키워서 나중에는 번벌과 협조하며 국정을 맡기도 했다. 그리고 헌정 옹호 운동이라는 민주주의의 분위기를 타고 정치의 대세를 이루었다.

③ 일본 정치의 중심은 점점 정당을 중심으로 재편되었다. 1918년 하라 다카시 내각의 성립, 1925년의 보통선거법은

정당의 승리이며 민주주의 확대를 의미했다. 그런데 정당의 권력은 커졌고 사회적 자유는 늘었지만, 사회 문제를 해결하는 능력을 제대로 보여주지는 못했다. 또 정당의 부패와 정쟁은 많은 사람들을 실망시켰다.

④ 교대로 집권한 정우회와 민정당은 서로 극심하게 대립했고, 급기야 상대방을 공격하기 위해 군부를 끌어들이기까지 했다. 이것은 결국 군부의 대두를 촉진했는데, 군부는 나중에 정당을 압박하며, 일본을 군국주의의 길로 인도했다.

미쿠리야 교수는 이 일련의 과정에서 정당의 당리당략, 부패에 초점을 맞추고 있다. 그리고 그런 행태가 과거의 일일 뿐만 아니라 오늘날의 일본 정치에도 존재한다고 말하고 있다. 저자의 분석에 상당 부분 공감이 간다. 하지만 몇 가지 사항은 달리 생각해볼 수 있을 것 같다. 첫째, 저자는 정당의 당리당략을 지적하면서 이것이 오늘날의 일본 정치에도 영향을 끼치고 있다고 언급한다. 정당의 당리당략은 분명 나쁜 것이다. 그러나 정당의 그런 모습은 비단 일본뿐만이 아니라, 민주주의 초기 단계에서 으레 나타나는 현상이기도 하다. 둘째, 저자는 정우회와 민정당이 서로 극심하게 대립했지만 정책의 차이는 거의 없었다고 지적한다. 하지만 민정당이 미국·영국 등 서구와의 협조를 중시했다는 점, 정우회가 군부를 끌어들이며 그런 민정당을 극심하게 공격했다는 점은 그래도 기억할 필요가 있지 않을까 생각한다.

그럼에도, 본서는 근대 일본 정치사를 잘 정리한 책이다. 국내에 일본 근대사, 그중에서도 일본 정치사에 대한 책이 별로 없다는 점이 아쉬웠는데, 이번에 책을 출간하게 되어 기쁘게 생각한다. 또 본서를 번역하면서, 한국 정치의 모습이 떠오르기도 했다. 어쨌든 이 책을 통해 일본사를 보다 쉽게 이해했으면 좋겠다.

이 책을 번역하는 데 도움을 주신 분들이 있다. 먼저 책의 출판을 허락해주신 소명출판의 박성모 대표님께 감사드린다. 또 원광대학교 동북아시아인문사회연구소는 좋은 연구 여건을 제공해주었다. 마지막으로 늘 응원해주시는 부모님께 감사드린다.

윤현명